AF229789

ACTES DE DÉVOUEMENT

D'UN

BON FRANÇAIS,

DEPUIS 1789.

ACTES DE DÉVOUEMENT

D'UN

BON FRANÇAIS,

DEPUIS 1789;

PREUVES EXTRAITES, QUANT AUX FAITS PRINCIPAUX,

DE

LA GAZETTE DE PARIS,

ET D'UNE BROCHURE INTITULÉE :

PAPIERS SAISIS A BAYREUTH ET A MENDE, etc.;

Avec des Notes du Rédacteur du JOURNAL, de l'Éditeur de la BROCHURE et de l'Écrivain des EXTRAITS,

LE CHEVALIER D'ANTIBES.

PARIS,

ADRIEN ÉGRON, IMPRIMEUR

DE SON ALTESSE ROYALE MONSEIGNEUR, DUC D'ANGOULÊME,

RUE DES NOYERS, N° 37.

AOÛT 1816.

AVERTISSEMENT.

—————

Quelque objet particulier qu'ait dû et pu avoir en vue l'écrivain de ces *Extraits*, en les réunissant en un recueil, un motif d'une tout autre étendue pouvait seul l'engager à leur donner une sorte de publicité par la voie de l'impression. Ce motif, qui, sous un rapport, est de quelque intérêt général, tous les bons esprits le reconnaîtront et l'apprécieront, sans qu'il ait besoin pour cela d'être expliqué; et il semble qu'il suffise de présenter ici une seule réflexion : c'est qu'il serait à désirer que beaucoup de Français, surtout parmi ceux qui ont eu depuis plus de deux ans, ou qui peuvent avoir certaines prétentions, les uns, plus ou moins circonscrites, les autres, plus ou moins élevées, pussent se rendre à eux-mêmes, et produire au besoin un compte fidèle, qui, s'il ne pouvait satisfaire pleinement leur cœur, même leur esprit, revenu de quelque égarement que ce fût, assurât du moins pour toujours à leur conscience ce calme parfait, cette douce sérénité, ce triomphe de l'honneur, qui soutient l'homme, l'encourage, l'élève dans les plus grandes adversités ; mais aussi sans lequel toute faveur de la fortune, tout bienfait du Prince, toute considération attachée soit aux rang et dignités, soit aux places, soit aux richesses, soit même à une grande illustration d'ancêtres, non-seulement perdent toujours plus ou moins de leur prix, mais même laissent dans l'âme un vide qui, tôt ou tard, devient affreux, et dès lors empoisonne l'existence jusque dans ceux de ces momens qui pourraient passer pour les plus brillans.

Être constamment fidèle à son Dieu, à son Roi, à sa véritable Patrie, dans quelque vicissitude des temps que ce puisse être ; les aimer du fond du cœur ; les servir jusqu'à son dernier soupir par l'emploi de toutes ses facultés ; remplir avec zèle et toute pureté ces devoirs si sacrés, si doux, si satisfaisans ; savoir souffrir tout pour eux ; c'est, quelques circonstances qui arrivent, se procurer soi-même sur terre toute la somme de bonheur réel que l'homme puisse espérer : c'est même se préparer, pour la vie éternelle, quelques titres touchans à la miséricorde divine, dont nous avons tous plus ou moins besoin.

Le Chevalier D'ANTIBES.

ACTES DE DÉVOUEMENT

D'UN

BON FRANÇAIS.

EXTRAITS:

1.° De ce qui est relatif au chevalier d'Antibes dans la *Gazette de Paris*, aux Numéros des mois de *juillet, août et septembre* 1791;

2° D'une partie de ce qui lui est aussi relatif dans une brochure intitulée : *Papiers saisis à Bayreuth et à Mende*, etc. ;

Etablissant un corps de preuves à l'appui de deux des faits principaux énoncés en son Mémoire du 14 *mai* 1814, destiné à être mis sous les yeux du Roi, et envoyé en conséquence par le chevalier d'Antibes, joint à sa lettre du 15 *du même mois* à M. le duc de Duras, premier gentilhomme de la chambre de Sa Majesté, alors de service en cette qualité; les faits dont il est question, constatant les actes de dévouement du chevalier d'Antibes à *notre* monarchie, à la cause royale, et spécialement à la personne sacrée de Louis XVI et à celle de Louis XVIII.

Ces *Extraits* envoyés par *duplicata* à M. le duc *de Pienne*, premier gentilhomme de la chambre du Roi, le 30 *juin* 1814, joints à la lettre de même date du chevalier d'Antibes, à ce grand-officier de la Couronne;

Et faisant partie d'un dossier mis par M. le duc *d'Aumont* sous les yeux du Roi, le 11 ou le 12 *août* 1814, et passé des mains de Sa Majesté dans celles de M. le comte de Blacas, et ensuite dans les bureaux de Son Excellence.

Extraits de ce qui est relatif au chevalier d'Antibes, dans la Gazette de Paris, *rédigée par feu* de Rozoi.

(Mardi 5 juillet 1791.)

« **A** tous les Français des trois Ordres.

« **MOTION.**

« *Envoi à l'auteur de la* Gazette de Paris. (1)

« Accueillez, monsieur, accueillez cette motion si diamétralement opposée à toutes celles qui partent des clubs destructeurs et régicides de la Propagande : c'est la motion de mon cœur. Pure, comme le sentiment le plus intime qui alimentera jusqu'à mon dernier soupir ce cœur navré, déchiré par toutes les souffrances de mon Roi et de son auguste famille, elle a des droits bien puissans sur une âme telle que la vôtre : simple comme la nature, elle en sera sans doute mieux sentie. Sublime comme les élans d'amour et de justice qui auraient déjà dû la porter, du fond de tous les cœurs au moins des chevaliers français, dans tous les cœurs qui ont conservé encore quelque reste d'humanité et de droiture, elle doit être consacrée pour jamais dans ces fastes vraiment patriotiques, par lesquels vous savez si bien embellir la période de l'histoire actuelle de notre malheureuse patrie, dans les momens même de sa plus affreuse difformité. Tels sont les droits imprescriptibles de la sensibilité et des principes les plus saints. Puissé-je un jour sceller cette motion par l'effusion de tout mon sang ! Je mourrais trop heureux, quant à moi, au sein même de tous les fléaux qui nous désolent. S'il est un être qui, après m'avoir entendu, ose me reprocher cet égoïsme, je le trouverai bien à plaindre. Aujourd'hui je la scelle de mes larmes, mais de ces larmes de sang que je ne cesse de répandre depuis le départ et l'arresta-

(1) « Bien que je n'aie pas l'honneur de connaître le royaliste fidèle qui signe *le chevalier ALEXANDRE*, la lettre par laquelle il me presse de publier sa motion, m'a paru écrite avec tant d'énergie, que je n'ai pas cru devoir me refuser à sa demande. Je regarderai comme un service qu'il veuille bien m'indiquer sa demeure, et m'apprendre si quelqu'une de nos légions le compte au nombre de ses membres. » (*Note du Rédacteur de la GAZETTE DE PARIS.*)

tion illégale, criminelle et sacrilége de mon Roi, unique Maître et Souverain de tous les Français; de ma Souveraine, cette illustre infortunée, dont l'âme héroïque lui fera, je n'en doute pas, décerner un jour les honneurs de l'apothéose, comme un juste tribut, et surtout en expiation des outrages dont l'ignominie ineffaçable retombera uniquement sur les scélérats et les êtres de boue, qui, les uns les suscitent, les autres se chargent du soin odieux de les porter; des augustes et aimables enfans dont on a arraché si inhumainement le plus jeune des bras du meilleur des pères, et de ceux d'une mère........... (Grand Dieu! quel forfait! quel crime de lèze-nature!) qui, l'un et l'autre, les chérissent avec une égale tendresse; de cette Princesse royale, si vertueuse, si sensible, si courageuse, sœur si tendre, si bonne amie...... qui a voulu être inséparable de tous leurs maux; enfin des serviteurs fidèles qui les accompagnaient. Le Créateur de tous, cet Etre des êtres, unique juge des consciences, qui me voit et m'entend, est le seul témoin que je puisse attester de ces larmes et de mes douleurs profondes. Il en a été de même dès les approches de la *révolte générale :* je pleurais dès lors sur ma malheureuse patrie. Celui-là est bien irrécusable au tribunal suprême de l'humanité, qui, tôt ou tard, recevra de sa main bienfaisante par excellence la balance dans laquelle elle pèsera les vertus et les crimes; et chacun alors recevra le juste prix de ses actions. Cette humanité fut créée à son image, comme il est vrai que les Rois ont toujours été et seront toujours ses représentans temporels sur la terre, puisque lui-même a voulu qu'ils fussent sacrés, et, comme tels, appelés Oints du Seigneur.

« Voici ma Motion.

« Français! on a renversé le trône de votre Roi; on a foulé aux pieds sa couronne (ne nous dissimulons rien), on l'a traînée dans la fange; on a accablé ce Prince si bon, si vertueux, si magnanime sans doute, puisqu'il a su et qu'il sait souffrir si constamment, des outrages les plus sanglans; on l'en accable sans cesse; on a commis les attentats les plus sacriléges contre sa personne. On veut *faire boire* jus-qu'a la lie, à cet infortuné, si sacré à tant de titres, à son auguste épouse, plus infortunée encore, à tous les Bourbons *fidèles à leurs vertus* INNÉES, enfin à tout ce qui reste encore de Français vraiment dignes de ce qui fut jadis leur patrie, LE CALICE DE LA PASSION ! Eh bien ! s'il le faut, *que la volonté divine s'accomplisse !* Nous autres, sujets inébranlables dans notre foi pour la religion de nos pères, pour notre ROI, pour l'ombre chérie de notre patrie, sachons tous souffrir la *géne*, les *tortures*, les affronts, les outrages, bien plus cruels pour l'âme, que la mort et les supplices ne le sont pour le corps : l'honneur, *l'honneur français* lui-même en impose la loi à tous ceux qui l'ont conservé dans toute son énergie, dans toute la pureté de son essence......; mais sachons reporter dignement notre ROI et son auguste compagne sur leur trône, en attestant de la manière la plus frappante, à toutes les générations futures, que ce trône consolidé ne cessera jamais d'être élevé dans tous les cœurs des vrais Français. Que cet acte d'amour tendre et sacré, et en même temps de la justice la plus pure, leur rende la couronne pour jamais, et fasse briller de nouveau leur front de tout l'éclat du vrai diadème...... Mais leur sceptre!.... il est brisé !.... Attendons...... sachons souffrir, je le répète........ LOUIS XVI et MARIE-ANTOINETTE nous en donnent si bien l'exemple depuis deux ans !.... D'ailleurs, est-ce donc avec des sujets *tels que nous*, que de TELS Souverains ont besoin d'un sceptre apparent ?

« Voici donc ce que je propose..... à vous seuls qui êtes dignes de m'entendre :

« Dès que le ROI et la REINE cesseront d'être *au secret* (les criminels autrefois n'y étaient que pour vingt-quatre heures), accourez tous vous rallier sur leur passage, dans leurs appartemens. Aussitôt, dans le silence le plus profond, mettez tous à la fois un genou en terre. Restez dans cette attitude, si noble sous tous les rapports, eu égard aux circonstances, jusqu'à ce que vos yeux ne puissent plus apercevoir LEURS MAJESTÉS........ Il eût été encore plus digne de vous sans doute de donner cette marque de respect, d'attachement et de soumission inviolables, de rendre enfin cet honneur suprême à vos Souverains et à leurs malheurs, à la face même de tant de cannibales qui se sont rassemblés le 25 *juin*, uniquement pour jouir du spectacle de leur captivité..... (Mais, hélas ! les factieux ne sont parvenus que trop réellement à *tuer* une partie de la noblesse, et même des Français des deux autres Ordres.) Si vous ne m'entendez pas, et sous tous les rapports, je n'ai plus rien à vous dire.... Mais alors, ainsi que notre ROI s'était proposé de *faire* SEUL *le bien de ses peuples, s'il était abandonné* dans une entreprise si digne de ses vertus ; moi, de mon côté, je ferai SEUL connaître que les Français ne sont pas tous avilis (1) ; *seul !* je me trompe : j'ai voulu prouver que l'auteur de la *Gazette de Paris* aura la satisfaction de n'être pas *seul à acquitter la dette de tant d'ingrats ;* et sûrement mon âme recueillera, par cet acte de jouissance de plus, un nouveau prix de ses travaux.

---

(1) Le motionnaire a tenu parole. *Le 7 février, 1792*, jour de l'installation de l'Assemblée Législative, ayant un placet à présenter au ROI, et à l'instant où SA MAJESTÉ passa dans la salle des Cent-Suisses, ce fut un genou en terre qu'il lui présenta ce placet, en présence d'une multitude d'individus de toutes classes réunis dans cette salle, et parmi lesquels plusieurs murmuraient déjà à demi-voix les expressions démagogiques les plus crapuleuses contre le Roi, la Reine et la famille royale, avant et après leur passage dans cette même salle.

Ce fut aussi un genou en terre que, *le 13 juin 1814*, le même Français crut devoir rendre son premier hommage à SA MAJESTÉ LOUIS XVIII, comme ROI, en présentant, en personne, à Sa Majesté, les vers suivans :

A SA MAJESTÉ LOUIS LE DÉSIRÉ,

Roi de France et de Navarre.

« Tout bon Français défend les droits de la couronne ;
Il consacre ses jours au Prince qu'il chérit :
Les fers, l'exil, la mort, présens à son esprit,
    N'ont rien qui l'arrête ou l'étonne.
Pour un sujet fidèle à cette sainte loi,
    Que rien dans son cœur ne remplace,
    Il n'est point de maux que n'efface
    Le doux bonheur de voir son ROI.

« *Signé* d'ANTIBES, *né chevalier français, un des quatre premiers qui, en 1791, se soient offerts en otages pour LOUIS XVI, et prisonnier d'Etat, pendant plus de douze années consécutives, depuis le 10 février 1802.* »

(*Note de l'Ecrivain des Extraits.*)

« *P. S.* Comme il importe à mon objet que les factieux les plus forcenés, qui ne me comprendront que trop, ne puissent pas feindre de ne pas me comprendre, et, au moyen de cette astuce qui leur est si familière, taxer de délire mes principes sacrés, chercher même à répandre le venin dont leur âme cadavereuse s'alimente sans cesse, je vais les établir ces principes dans ma *profession de foi*, qu'ils auraient l'air de ne pas apercevoir dans cet écrit émané de mon cœur.

« *Je suis PUR ROYALISTE, parce que je suis VRAI PATRIOTE, et VRAI PATRIOTE, parce que je suis PUR ROYALISTE. Dans toute monarchie, les intérêts de la PATRIE et ceux du ROI, son PÈRE et CHEF SUPRÊME, doivent-être liés indissolublement. Je suis Catholique, apostolique, romain; et, dans toute monarchie chrétienne, catholique, apostolique, romaine, les intérêts saints de cette Religion doivent être de même liés indissolublement avec les intérêts de la PATRIE, indissolubles de ceux du ROI. Je reconnais dans notre monarchie deux représentans de la Divinité, l'un spirituel, l'autre temporel : le PAPE, uni à l'Eglise gallicane; le ROI, uni aux Pairs : avec cette différence seule, si bien assignée par ces représentations suprêmes elles-mêmes, que le PAPE, bien que chef de l'Eglise gallicane, a besoin de sa réunion, pour qu'il jouisse de toute la plénitude de son pouvoir, et que le ROI de France, MONARQUE, a toute la France concentrée dans sa personne sacrée.*

« *Je mourrai fidèle à ces principes, c'est-à-dire, à mon DIEU, à ma RELIGION, à mon ROI, à ma véritable PATRIE. Que l'on juge combien de protestations découlent ici tout naturellement d'une source dont rien ne pourra jamais altérer la pureté....... Je sais souffrir tout...... hors le déshonneur. J'ignore l'art de me faire une conscience. J'ai fait preuve d'attachement et de fidélité à mes Souverains, surtout depuis tous leurs malheurs; ils ont daigné être sensibles à mon zèle. Quelle douce récompense pour mon âme..... qui n'en avait pas besoin ! Comme elle me soutient ! Combien elle m'enri-*

chit des *véritables trésors*, *au sein de toutes les cala-*
mités !.........

  « Signé *le chevalier* ALEXANDRE (1), *né*
    à Paris, *mais* CHEVALIER FRANÇAIS
    jusqu'à la mort.

 « *Paris*, *le* 2 JUILLET 1791. »

   (Mercredi 20 juillet 1791.)

  « . . . .

 . . . .

  « . . . .

. . . . Elle (la devise des TILLY-BLARU : *Sic*
tinctum sanguine nostro) me rappelle la lettre par laquelle M. le *chevalier Alexandre d'Antibes* se proposa
pour otage le même jour où je publiai cette idée ; car je l'af-
fligerais si je ne faisais pas ici mention que, ainsi que de
M. le marquis d'*Espagne*, et de MM. *Tridon de Rey*,
père et fils, je reçus son engagement dès le même jour.
Annoncez, m'écrivait-il, *annoncez que je suis prêt*,
non-seulement à me constituer prisonnier, *à me voir*
chargé de fers dans les cachots les plus obscurs, *mais*
A ME DÉVOUER A QUELQUE GENRE DE MORT QUE CE
PUISSE ÊTRE, *pour la liberté de* MON ROI, *de* MON
MAITRE, *et pour celle de son auguste famille.* Il me
semble que, chaque jour, mon profond respect et mon
amour augmentent en raison de leurs malheurs. Je ratifie so-
lennellement ici et MA MOTION et MON ADHÉSION A VOTRE
PÉTITION (2).

 « Il semble que ce soit doubler son bonheur, que de
voir l'amitié partager une grande et belle action. M. le
chevalier d'Antibes m'annonce qu'un de ses amis, M. *Pa-*
lissaux, ancien garde-magasin général des armées du ROI,

---

 (1) On va voir, à l'article sous la date du *20 juillet*, que le chevalier
Alexandre et le chevalier *d'Antibes* étaient une seule et même personne. (*Note de l'Ecrivain des* Extraits.)

 (2) Ce fut en même temps que le chevalier *d'Antibes* envoya aussi à
M. *de Rozoi* la soumission par laquelle sa femme et sa fille s'offraient en
otages pour la *Reine.* (*Note de l'Ecrivain des* Extraits.)

veut s'unir à son noble dévouement. L'honneur et l'amour filial comptent cet otage de plus. »

(Vendredi 12 août 1791.)

« . . . .

. . . .

« . . . .

. . . .

« Il est sublime de s'offrir pour otage et de se nommer, au moment où les *jacobites* ont dénoncé comme un crime ce beau dévouement. Que de forfaits expie un pareil trait de magnanimité !

« M. le chevalier *d'Antibes*, dont l'amour brûlant pour ses Souverains s'est fait connaître, et par son *Adresse aux Français*, et par la formule de son engagement, comme *otage*, me presse de faire paraître ce superbe Numéro en seize colonnes, qui contenait la liste nouvelle et l'extrait de leur soumission. . . . .

. . . .

« Je ne puis donc, sans un ordre par écrit des otages, les nommer. . . . . »

(Mercredi 24, et jeudi 25 août 1791.)

« Fête du Roi.

« *Noms des dames et des demoiselles qui s'offrent en otages pour la Reine :*

« . . . .

. . . .

« *Françoise - Angélique Siollenwerck* d'Antibes, *et sa fille, Marie-Alexandrine-Angélique* d'Antibes. Ce nom rappelle celui d'un père et d'un époux dont le nom est devenu célèbre par le plus noble enthousiasme de dévouement à son Roi et à son Auguste Epouse.

« Otages des deux sexes, c'est ici le moment de placer, pour que vous la chantiez en chœur, une parodie faite par M. le chevalier *d'Antibes*, de l'air si connu : *O Richard ! ô mon Roi ! l'univers t'abandonne*, etc. Royalistes fidèles, voici les nouvelles paroles qu'à commencer d'aujourd'hui tout chevalier français, tout père de famille, toute mère, tout enfant digne de prononcer ces mots sacrés : *Nature*, *Amour*, *Religion*, chanteront loin de tout profane :

> « O Louis ! ô mon Roi !
> Notre amour t'environne :
> Pour notre cœur, c'est une loi
> D'être fidèle à ta personne.
> Aux yeux de l'univers
> Nous briserons tes fers,
> Et nous te rendrons ta couronne.

> « O Louis ! etc.

> « Reine infortunée ! ah ! que ton cœur
> Ne soit plus nâvré de douleur !
> Qu'il ne soit plus nâvré de douleur !....
> Il vous reste encor des amis
> Couverts des lauriers de la gloire,
> Ornés des myrtes favoris
> Qu'offrent les Filles de Mémoire.
> Qu'en votre cœur
> Tout soit amour,
> Fidélité, constance !
> Vous servir est sa récompense.

> « O Louis ! ô mon Roi !
> Notre amour t'environne :
> Notre cœur chérit la loi,
> A jamais il chérit la loi,
> La douce loi
> D'être fidèle à ta personne, etc. »

« . . . . Nous répéterons les paroles de M. le chevalier *d'Antibes* : *O Louis ! ô mon Roi ! notre amour t'environne.*

« . . . .

« Hier, vers une heure et demie, séance tenante, un chevalier français, l'un des *otages* (*l'écrivain des présens* *Extraits*, ainsi qu'on le va voir à l'article sous la date du 13 *septembre* 1791), ayant bien voulu se charger (1) de

----

(1) M. *de Rozoi* ayant dit au chevalier *d'Antibes*, dans des termes qu'il ne doit pas se permettre de rapporter, que c'était sur lui qu'il avait jeté les yeux pour la mission dont il s'agit, le chevalier *d'Antibes* l'accepta avec autant d'empressement que de reconnaissance, et se mit, à l'instant même, au devoir de la remplir. (*Note de l'Ecrivain des* Extraits.)

porter à M. le président de l'Assemblée Nationale ma pétition, la liste des otages, certifiée par moi, n'a pu arriver jusqu'à lui ; mais le bonheur a voulu que M. *Malouet* ait remis lui-même le paquet sur le bureau, et qu'il ait veillé à sa sûreté.

Je me hâte d'annoncer cette nouvelle ; je rends mille et mille actions de grâces à M. *Malouet*, de l'intérêt qu'il a témoigné au chevalier dépositaire de la *liste sainte*. . . . . . »

(Vendredi 26 août 1791.)

« . . . . Justifions le refrain si doux :

« *O Louis ! ô mon Roi ! notre amour t'environne.* »

(Mardi 13 septembre 1791.)

« . . . .

« . . . . M. le chevalier d'*Antibes* avait pris sur lui l'honorable mission de remettre au président de l'Assemblée Nationale, et ma *pétition*, et ma *lettre*, et la *liste sainte*. Il a lui-même écrit aux président et membres du comité de constitution, et sa lettre est brûlante comme son âme. Il a depuis cherché à parler au président ; mais le sultan n'est pas plus invisible. . . . . »

(Samedi 17 septembre 1791.)

« D'Ath, le 7 septembre 1791.

« *A l'auteur de la Gazette de Paris.*

« Hier, à trois heures après midi. . . . ., etc.

« A la sortie du spectacle, tous les gardes-du-corps qui étaient à *Ath* se rendirent à l'Hôtel-de-Ville, où les volontaires du cantonnement leur donnèrent à souper ; notre major-général, ce loyal chevalier, notre digne frère d'armes, que nous chérissons tous, faisait les honneurs de la fête : il avait à ses côtés M. *de Mionandre* et plusieurs officiers des troupes de l'Empereur. Une musique, composée d'officiers du cantonnement, exécuta différens morceaux analogues à la circonstance ; l'un d'eux chanta : *O Louis ! ô mon Roi ! notre amour t'environne*, etc. Ah ! monsieur, si, dans cet instant, nos ennemis avaient pu voir combien nos cœurs sont pénétrés d'amour pour nos Souverains!....... »

Pour extraits conformes :

Le chevalier D'ANTIBES.

EXTRAITS d'une partie de ce qui est relatif au chevalier d'Antibes, dans une brochure intitulée : Papiers saisis à Bayreuth et A MENDE, département de la Lozère ; publiés par ordre du Gouvernement. A Paris, de l'Imprimerie de la République. *Ventose an X.*

« Papiers de *Trottouin.* Papiers trouvés chez *Trottouin,* à *Bayreuth.* Mémoires divers, plans, lettres au ROI, aux Ministres, etc. Mémoire envoyé au ROI. *Abrégé de ma conduite pendant la révolution.* » (Pag. 165 et 166.)

« . . . .

. . . .

« J'envoie à Orléans, pour commencer l'organisation, M. le chevalier *d'Antibes,* etc. » (P. 169.)

« AU ROI. (P. 249.)

« . . . .

. . . .

« Si ma témérité, SIRE, doit m'éloigner de vos bontés ; si l'exaltation de mon imagination pour LOUIS XVIII a été un crime pour des hommes qui portent encore de beaux noms ; si ce qu'ils diront me fait regarder comme un intrigant, je suis indigne, SIRE, de vos bontés : je me contenterai de vous les demander pour le chevalier *d'Antibes,* MM., etc. Le premier, etc. Il est connu par un ouvrage en faveur de la REINE (1), et il est un des quatre premiers

____

(1) *MARIE-ANTOINETTE D'AUTRICHE, REINE DE FRANCE, à la Nation.*

Cet écrit est le premier, ou plutôt le seul qui ait été publié pour la REINE, le *8 août 1789,* alors que déjà des libelles odieux contre la personne de SA MAJESTÉ commençaient à circuler dans la capitale. Sur la demande du sieur *Granger,* qui, pour l'imprimer, voulait une sorte d'autorisation, au moins verbale, l'auteur ne fit aucune difficulté d'aller aussitôt se présenter à la commune, dans la salle d'audience, où se trouvait alors un peuple immense. Le sieur abbé *Fauchet* présidait entre deux acolytes. L'auteur lut son écrit à très-haute et très-intelligible voix, en sorte que tout otages qui s'offrirent pour le Roi. Ils sont particulièrement connus de M. *d'André* ; le premier, sous le nom de *Blondel*, etc. Tous les quatre, ainsi que, etc., sont tout entiers à votre service, et prêts à tout entreprendre pour Votre Majesté. Je les ai souvent employés avec succès. » (P. 253 et 254.)

« Corrrespondance de *Trottouin* avec *d'André*, *d'André* à *Trottouin*. » (P. 256.)

« Du *même* au *même*. A M *Félix Trottouin*, chez M. *R. Baboin. Augsbourg*. Au dos de la lettre est écrit : Reçu du chev. (*chevalier d'Antibes*), le N° 3, de *Charenton*. Ecrit la dernière, numérotée 3, au chev. *Blondel* (*d'Antibes*). Reçu du chev. (*d'Antibes*) le N° 4, etc. Reçu du chev. (*d'Antibes*) le N° 8. Ecrit la dernière au chevalier (*d'Antibes*), le 1ᵉʳ juin, N° 4. »

« *Burgau*, 24 *avril* 1800 (4 *floréal an* 8.)

« . . . . » (P. 257.)

« . . . . »

« Je n'ai pas une syllabe, ni du chevalier *d'Antibes*, ni, etc. » (P. 258.)

« Du *même* au *même*.

« A M. *Koffmann*, chez Mᵐᵉ Stetin, n° 174, *Bayreuth*. »

---

l'auditoire l'entendit. Le silence le plus profond régna : pas une approbation, mais pas un murmure.

Le sieur *Fauchet* dit : *Nous n'avons ni le droit d'empêcher d'imprimer, ni d'y autoriser*; et, sur l'attestation que l'auteur délivra au sieur *Granger*, de ce *prononcé*, il imprima l'écrit. Il fut tiré à plus de vingt mille, et il s'en distribua, pendant plus de quinze jours, aux colporteurs qui assiégeaient, pour en avoir, la maison (*rue du Sépulcre*) où il se débitait.

L'auteur le lut tout haut, dès le 8 août même, aux Tuileries, sur la terrasse des Feuillans, à un groupe considérable de femmes qui déclamaient contre la Reine; elles furent toutes attendries jusqu'aux larmes, et prirent pour Sa Majesté des expressions de respect, d'intérêt et d'affection.

(*Note de l'Ecrivain des Extraits*.)

(15)

« *Erfurth, 28 février 1801 (9 ventose.*)

« ....

.... Croyez-vous que, dans l'occasion, il vous
fût possible d'aller trouver *Blondel* (le chevalier *d'Antibes,*
à Paris)? Combien croyez-vous que vous puissiez réunir
d'hommes capables d'entreprendre le plus grand coup de
main (1)? Croyez-vous que vous y pourriez réussir? etc. »
(P. 288.)

« Correspondance des agens de l'intérieur avec *Trottouin.*
Ces agens sont les nommés *d'Antibes*, dit *Blondel*, etc. :
ces deux derniers spécialement agens, à Paris, de *d'André,*
avec lequel *d'Antibes* a aussi correspondu directement.

« Le chevalier *d'Antibes*, dit *Blondel*, à *Trottouin.*

« *Villeneuve-Saint-Georges, jeudi soir, 6 mars 1800
(15 ventose an 8.*)

« ....

.... « De grâce, mettez-moi sans cesse, c'est-à-dire, autant
que vous le pourrez, aux pieds de NOTRE AUGUSTE MAÎTRE,
et à ceux de SON ALTESSE ROYALE MADAME, DUCHESSE
D'ANGOULÊME. NI SA MAJESTÉ, ni SON ALTESSE ROYALE
ne sauraient dédaigner un hommage d'amour et du plus profond respect d'un des quatre premiers otages offerts pour l'infortuné et sans doute trop vertueux LOUIS XVI; d'un Français, en un mot, qui a toujours été et sera jusqu'à son

---

(1) Le chevalier *d'Antibes* n'a jamais su quel aurait été le genre d'utilité dont il aurait pu être, ni par conséquent pourquoi M. *d'André* désirait que M. *Trottouin* pût venir trouver le chevalier *d'Antibes*. Seulement
il a appris, de la bouche du loyal et brave *Ramel*, surnommé le *Gros-
Père*, lorsqu'il s'est trouvé en prison avec lui, que l'objet dont il avait été
question n'était autre chose que l'enlèvement de vive-force, s'il eût été
nécessaire, d'une dame de haut parage du lieu (il ignore lequel) où elle était
alors détenue, pour la rendre à la liberté ; mais *Ramel* ajouta que, plutôt
que de consentir à compromettre la sûreté individuelle de qui que ce fût,
cette dame avait préféré rester dans les fers, et attendre qu'ils fussent rom-
pus, soit par l'autorité qui les lui avait donnés, soit par un jugement. Il
n'insista pas pour en savoir davantage. (*Note de l'Écrivain des Extraits.*)

dernier soupir un des plus fidèles sujets ; enfin, qui n'aspire qu'à verser son sang pour l'auguste cause.

« Etc.   BL. » (P. 301-303.)

« *Le même au même.*

« *Charenton, vendredi 4 avril* 1800 (14 *germinal an* 8.)

« . . . . J'ai rempli, autant que je l'ai pu, vos intentions , en écrivant (à Orléans) à M. H. (*Henri*, ou *Gibert*); notre correspondance s'est nouée. J'ai vu de plus en plus , et avec beaucoup de peine, par toutes ses lettres, qu'il désespérait de relever le parti ; mais chacune des miennes doit remonter les ressorts de toute âme honnête, digne de servir la cause de notre ROI, et en même temps celle de toute la France. Quant à moi, je gémis toujours bien douloureusement de mon inutilité, du moins apparente. Depuis votre départ, j'aurais déjà pris des mesures pour la faire cesser, si , au préalable , je n'avais attendu de vos nouvelles. Je ne dois pas vous dissimuler que M. S. est lui-même un peu étonné que vous n'ayez pas encore écrit. De grace, ne nous laissez pas plus long-temps dans l'attente, etc. Il (M. H.) peut , me marque-t-il, par son attachement à notre ROI, s'en dire le *Sully.* Que j'aime ce noble enthousiasme ! etc..... C'est de sujets purs, surtout énergiques, et qui aient bien fait leurs preuves par la conduite la plus irréprochable, que le ROI doit avoir besoin.

« Les dernières lettres de Bretagne portent que la Vendée, proprement dite, se dispose de nouveau; et les nouvelles du midi de la France redonnent de l'espoir de ce côté. »

« . . . . Brave et illustre *Frotté!* quel est le Français resté vraiment digne d'un si beau titre, qui n'admire ta mort, et ne chante du fond de l'âme :

« O Louis ! ô mon ROI !
Notre amour t'environne :
Pour notre cœur c'est une loi
D'être fidèle à ta personne (1) !   BL. (p. 302-305.)

___

(1) Commencement de la parodie de la romance de *Blondel* dans

« Lettre de *Duthieul* à *Trottouin.*

« *Paris, le 21 germinal an 8.*

« . . . .
. . . . Je ne pense pas de même de
M. le chevalier *d'Antibes*; je le vois souvent, et toujours le
même, etc. » (P. 305 et 306.)

« Lettre de *d'Antibes* à *Trottouin.*

« *Paris, lundi 14 avril* 1800 (24 *germinal an* 8.)

« . . . .
. . . .

« Les bons et braves *Antoine* (1) sont infiniment sensibles à l'honneur de votre souvenir. Il faudra absolument ne
pas les oublier, non plus que la digne et respectable femme
chez laquelle je suis si souvent à la campagne, etc.....

« Je suis infiniment reconnaissant de tout l'intérêt que
vous voulez bien prendre à moi auprès de l'agence. Je tâche-
rai de m'en rendre toujours digne, ainsi que de la confiance
dont elle voudra bien m'honorer. J'accepte d'avance tout ce
qu'on voudra bien m'accorder; pourvu que je puisse être à
même de servir l'auguste cause, je m'estimerai heureux, etc.
Je porterais plutôt les bagages dans toutes les armées royales,
que de ne pas servir mon ROI avec tout l'amour, tous les
sentimens de fidélité.

« Etc.   BL. » (P. 508-510.)

Richard Cœur-de-Lion, par l'*Ecrivain des Extraits* (le chevalier *d'Antibes*). Cette parodie parut, dans la *Gazette de Paris*, le 25 août 1791;
et, dès la matinée du même jour, il en fut distribué des copies imprimées
dans tout l'intérieur des appartemens du ROI, au château des Tuileries,
où l'auteur, qui s'y trouvait, eut la satisfaction bien douce d'en être féli-
cité, de la manière la plus honorable, par M. le marquis *d'Espagne*,
père, qui était aussi un des quatre premiers otages qui se fussent offerts
pour le ROI. (*Note de l'Ecrivain des* Extraits.)

(1) Ici l'annotateur au ministère de la police générale a mis en note:
Portiers de la maison où Trottouin a été recherché par la police. C'est
à tort. Quoiqu'ils fussent certainement aussi de très-honnêtes et de très-
braves gens, ce n'était pas d'eux qu'il était question. (*Note de l'Ecrivain
des Extraits.*)

« Du *même* au *même.*

« *Paris, mercredi soir,* 23 *avril* 1800 (3 *floréal an* 8.)

« J'ai enfin reçu, monsieur et bon ami, des nouvelles de M. *Henri* (*Gibert*), ainsi que vous le verrez par sa lettre à votre adresse, que je vous fais passer. Je vous envoie aussi, par la même occasion, quelques-unes de vos divisions et subdivisions par arrondissemens et sous-arrondissemens, que vos portiers ont trouvées hier. C'est absolument tout ce qu'il ~y avait dans votre chambre, etc. . . . . « . . . . Le dernier courrier du Rhin, à *Buona-parte*, n'apprend rien, à ce qu'il paraît.

« Bl. » (P. 310 et 311.)

« Lettre de *d'Antibes* à *Trottouin.*

« *Paris, lundi* 12 *mai* 1800 (22 *floréal an* 8.)

« . . . . Je vous remercie d'avoir eu la bonté de vous occuper de moi, ainsi que vous me le marquez. Vous ne doutez pas, je l'espère, que ce n'ait été vous occuper d'autant plus de la chose, à raison de tout le zèle avec lequel vous devez être bien persuadé que je la servirai tant qu'il me restera un souffle d'existence. . . . .

« J'ai exprimé dans plusieurs de mes bulletins des vérités bien fortes et bien importantes à la cause du Roi.... mon devoir m'en faisant la loi. Je crois M. *Duthieul* décidément fâché : j'en serais affligé, car je ne cesserai de répéter que je le crois un des plus zélés pour la cause du Roi..... Je suis très-persuadé qu'il n'a qu'à se louer de mes procédés envers lui...... Je pense pourtant qu'à cause de son zèle, on ne doit pas se brouiller avec lui ; et vous pouvez vous rappeler ce que je vous ai déjà marqué à ce sujet.

« Vos portiers m'ont dit hier que M. de *Courteil* préten-dait qu'il n'y aurait, cette année, ni Vendéens, ni Chouans. Je ne sais pas quelle a pu être en cela son intention ; mais ce n'est pourtant pas ce que présument quelques personnes arri-vées depuis peu de la Bretagne et de la Normandie.

« . . . . L'habitant de Paris est toujours

(19)

tel que vous le connaissez : il faudra de bien fortes leçons pour le tirer de sa honteuse apathie.... »

« BLONDEL. (P. 316 et 317.)»

« *Paris*, 21 *mai* 1800 (1er *prairial an* 8.)

« . . . . On vient de dire à la Bourse : *La prise de Nice !* La Gazette commence déjà à donner quelque légère atteinte de cette nouvelle. Quant à *Gênes*, on ne s'en occupe plus ici : il semblerait que cette place n'entrât plus pour rien dans les relations politiques ; on la regarde pourtant comme décidément rendue.

« *Buonaparte*, dit-on, marche effectivement sur *Milan*. Le mouvement qu'il a fait faire dans la vallée d'*Aoste* n'a dû être qu'une diversion. Des politiques croient que, le 1er *prairial*, on apprendra la nouvelle de son entrée dans *Milan*. En attendant, les actions viennent de baisser de 2 et demi pour 100, à cause de la nouvelle de la prise de *Nice*, répandue à la Bourse, et apprise par des lettres *particulières*.

« BL. » (P. 318 et 319.)

« Du *même* au *même*.

« *Paris, dimanche de la Trinité*, 8 *juin* 1800 (19 *prairial an* 8.)

« . . . . J'envoie, par ce même courrier, mon dix-huitième Numéro. J'ai cru aussi devoir adresser, par ce même envoi, une lettre (N° 1) à M. *Mayor* (*d'André*), individuellement. Je le supplie en particulier, ainsi que l'agence en général, de daigner, en me faisant passer leurs ordres d'une manière sûre, me mettre enfin à même de consacrer au service de mon Roi toutes mes facultés intellectuelles et physiques, et, au besoin, tout mon sang.

« Paris est toujours le même ; c'est tout vous dire, etc.

« On parle aussi, depuis deux jours, d'une nouvelle descente effectuée à *Quiberon*, à la tête de laquelle serait MONSIEUR ; on ne dit point le nombre d'hommes, et on ne donne encore aucun détail : seulement on assure qu'il y a des Russes ; et, à présent, on paraît persuadé que des

Russes feront aussi partie des troupes employées à l'expédition du Midi.

« *Vive le Roi !*

« Blondel. » (P. 321 et 322.)

« Du *même* au *même.*

« . . . .
. . . . . . Votre ami M. *Henri* (*Gibert*) vient de m'écrire que, depuis le passage du *mont Saint-Bernard,* on est encore une fois tombé dans le découragement (et cela est vrai : je le savais tout comme lui); qu'on est persuadé que les Russes se sont tout-à-fait retirés de la coalition, d'après la mésintelligence et le mécontentement qu'a occasionés l'ambition démesurée de l'Autriche (ce sont ses propres expressions); que cependant l'espoir pourrait se fonder de nouveau sur l'accord qui régnerait entre l'Empire et l'Angleterre. Je ne laisse rien ignorer à l'agence de toutes les opinions : ce que je regarde comme le moyen le plus infaillible de bien faire connaître le vrai thermomètre de l'esprit public. De votre côté, mon cher général, ne lui dissimulez rien : ce sera en servir d'autant mieux notre Roi. Que de fortes raisons nous avons donc tous, nous autres Français, de nous occuper sérieusement de nos affaires, et plus sérieusement que jamais !

L'insurrection générale contre tout ce qui ne sera pas du parti de Louis XVIII, voilà, je le répète, le seul grand moyen. Malheureusement il n'y a plus guère apparence, à présent, qu'elle puisse s'effectuer pour cette campagne déjà si avancée ; mais au moins que mars prochain puisse voir déployé, partout en France, l'étendard de Louis XVIII contre tous ennemis de son auguste cause ! Alors ils seraient bientôt anéantis, etc.

« Blondel. » (P. 323 et 324.)

« Du *même* au *même.*

« *Paris, lundi 16 juin 1800 (27 prairial an 8.*)

« . . . .
. . . . Si vous avez enfin l'honneur de voir Sa Majesté, pourquoi ne mettriez-vous pas à ses pieds, et à

ceux de Son Altesse Royale MADAME, duchesse d'Angoulême, un des quatre premiers Français qui se soient offerts en otages pour leur auguste frère et père ? Ce doit être une consolation douce pour leurs âmes sensibles, vertueuses et magnanimes, de retrouver encore des sujets si fidèles.

« Vous ne me parlez pas de la lettre que vous m'aviez annoncée dès la vôtre du 21 *avril :* elle ne m'est pourtant point encore parvenue ; par conséquent, j'ignore toujours quelles sont ces choses dont j'allais être chargé. Comment, depuis tant de temps, ne m'a-t-on pas écrit ? etc. »

(P. 325.)

« *D'Antibes à Trottouin.*

« A Monsieur *Koffmann,* négociant, poste restante, à *Augsbourg.*

« *Paris,* 18 *juin* 1800 (29 *prairial an* 8.)

« Oui, mon cher général, j'ai transmis de suite à *Sophie* (*Gibert*) les détails intéressans de votre lettre du 1er *de ce mois ;* et j'en ai fait mon texte, pour ranimer, autant que possible, l'espoir et le courage : mais, en vérité, l'agence me laisse moi-même bien long-temps à l'abandon. Je lui envoie aujourd'hui mon 22° Numéro depuis le 17 *avril,* et j'écris pour la troisième fois à M. *Mayor* (*d'André*).

« Les émigrés rentrés par la faveur buonapartienne font tous leurs efforts pour dénigrer l'armée de Condé, et tout ce qui se passe là-bas. Ils emploient tous les autres moyens imaginables pour décourager ici les bons royalistes.

« *George* est à son poste, toujours tout prêt, ainsi que tous les siens, qui n'attendent que son commandement pour se réunir, quoiqu'ils soient dispersés chacun chez eux, ou à peu près. Sa troupe est toujours payée bien exactement. *Charles* (*Bellevue*) tient toujours aussi les plus heureuses dispositions.

« . . . .
. . . . Quand vous m'appellerez auprès de vous, tâchez de me ménager quelque grade. »   (P. 329.)

« *Jeudi, une heure après midi* (2 *messidor an* 8.)

« Le canon vient de ronfler ; c'est, dit-on, en réjouissance d'avantages considérables remportés par *Buonaparte*; et, d'après les nouvelles officielles qu'on vient d'en recevoir, il en résulte, publie-t-on, que, par une capitulation qu'a demandée le général *Mélas*, toutes les places de l'Italie, telles que *Peschiera*, *Tortone*, *Coni*, etc., seront remises successivement, d'époques en époques très-rapprochées, aux généraux républicains. Dans tous ces détails il y a des tournures qui annoncent assez clairement à ceux qui s'y connaissent, qu'ils ne sont pas très-exacts. Ils portent encore qu'il y a suspension d'armes, objet de la première demande du général *Mélas*; et on dit cette suspension de quinze jours. On appelle cela des préliminaires de paix signés : ce qui, particulièrement, paraît assez obscur. Aussi la multitude est-elle assez indifférente, et la canonnade n'a-t-elle engagé personne à se réjouir ni à s'affliger plus que de coutume. Au total, on doute beaucoup, en général, de la véracité de ces nouvelles officielles; et la célérité extraordinaire avec laquelle elles sont arrivées, n'est pas ce qui fonde le moins ce doute.

« *J'insiste plus que jamais sur la nécessité absolue, indispensable de l'insurrection générale en France contre tout ce qui n'est pas du parti de Louis XVIII.*

« Donnez-moi des choses positives sur la Russie, etc.

« Bl. » (P. 329 et 330.)

« Du *même* au *même*.

« *Paris*, 30 *juin* 1800 (11 *messidor an* 8.)

« Enfin, mon général, le *Gros-Père* (*Ramel*) m'a remis avant-hier une lettre qu'il venait de recevoir pour moi, timbrée et datée de *Francfort*; mais, par une fatalité bien cruelle, il m'a été impossible d'en faire ressortir aucun caractère de manière à pouvoir lire. J'ai écrit aujourd'hui pour la seconde fois, etc. Je joins ici un billet que la personne (*Bertonnier*) qui vous l'adresse, m'a prié, chez le *Gros-Père*, de vous faire passer. Lorsqu'on m'aura envoyé un *duplicata* de la lettre tout invisible, j'aurai sans doute à vous écrire avec plus de détails, etc....

« Bl. » (P. 330 et 331.)

« Lettre de *d'Antibes* à *Trottouin*.

« *Paris*, *lundi matin*, 30 *juillet* 1800 (11 *messidor an* 8.)

« *Non*, mon cher général, *il n'y a pas d'autre moyen de sauver la France, du moins de très-long-temps, que les Princes et le* ROI *lui-même, et une insurrection générale.* Si ce mot pouvait affliger le cœur paternel de LOUIS XVIII, et blesser la délicatesse des agens de SA MAJESTÉ, appelons le grand mouvement à opérer : *Réunion générale à son* ROI *légitime, pour les vrais intérêts de la véritable patrie.* Et, en effet, ce serait bien là la chose comme le nom. Je conviens que ce mot étant effectivement le plus propre, pourrait devenir en même temps, par lui-même, beaucoup plus heureux que celui d'*insurrection.* Mon cher général, que ce puisse donc être une *réunion générale ;* et l'on y parviendra, malgré toutes les difficultés, si l'on s'y exerce, si l'on a effectivement le bonheur d'avoir le ROI..... Je vous quitte pour aujourd'hui ; l'heure du courrier me presse pour ma lettre à l'agence.

« Je vous ai informé aussi que les deux, etc., prenaient de l'emploi dans les hussards gris à pied qui sont à *Orléans...* Je viens d'apprendre ici, par quelqu'un de cette ville, que ce corps y était on ne peut plus mal vu, même très-méprisé.... J'avais demandé à M. *Henri* (*Gibert*) des détails au sujet de ce corps : il ne me les a point encore envoyés, mais je compte, dans ce mois, aller faire un tour à *Orléans.* Je veux voir par moi-même ce qu'il peut y avoir encore à espérer de l'esprit public, qui continue d'y être bon. Je veux aussi électriser de mon mieux surtout ceux des *fidèles* qui peuvent être quelquefois susceptibles de se décourager. Je veux enfin tâcher de ranimer entièrement cette idée si fausse, qui, là, comme ici même encore, et sans doute ailleurs aussi, laisse toujours quelques vestiges de persuasion, que *Buonaparte* a des vues favorables à notre monarchie. J'attaquerai avec assez de force, pour les détruire, quelques préjugés qui subsistent toujours relativement à la personne de LOUIS XVIII, et dont j'ai déjà, comme je vous l'ai dit, entretenu plusieurs fois l'agence, en posant pour base et principe certain qu'il ne peut y avoir de Français purement, vraiment royalistes, que ceux qui reconnaissent toujours l'hérédité directe de la couronne.

« . . . . Tâchez de me donner des nouvelles de S. A. R. MADAME, DUCHESSE D'ANGOULÊME. VIVE LOUIS XVIII, ROI DE FRANCE ET DE NAVARRE !

(P. 331 et 332.)

« Du *même* au *même.*

« *Paris, jeudi* 10 *juillet* 1800 (21 *messidor an* 8.)

« Mon général, j'ai eu l'honneur, dans ma précédente, de vous dire que chaque nouvel événement ne fait que démontrer davantage *la nécessité absolue, indispensable d'une insurrection générale* (ou du moins à peu près) *en France, contre tout ce qui n'est pas du parti de LOUIS XVIII.* Cependant j'ai cru devoir vous faire observer, ainsi que je l'ai fait à l'agence, que comme ce mot *insurrection* pourrait effaroucher encore beaucoup d'esprits, qu'il serait essentiel de se concilier, on pourrait, même on devrait le changer en celui de *réunion au Roi légitime :* cette expression, en effet, est plus convenable ; c'est même bien le mot propre, et le cœur paternel du ROI ne peut s'en trouver blessé. Il n'y a absolument que ce moyen de placer SA MAJESTÉ sur son trône, et, par là, de sauver la France.

« Il vient d'être décidé que la guerre allait continuer ; donc, la réponse de l'Autriche n'a pas été favorable à la paix.

« . . . . . . Écrivez-moi vite. »   (P. 333.)

« Du *même* au *même.*

« *Paris, jeudi* 24 *juillet* 1800 (5 *thermidor an* 8.)

« Mon cher général, depuis votre lettre n°. 4, du 1er *juin dernier,* je n'ai plus rien reçu de vous. Je commence à être fort inquiet. J'ai été à *Orléans,* ainsi que vous l'avait annoncé ma lettre du 10 ; l'esprit y est toujours bon, mais on voudrait voir un de nos princes agir activement. Il n'y a plus d'émigrés dans cette ville ; ils sont tous à Paris à solliciter leur radiation. J'ai enflammé de nouveau, autant que je l'ai pu, le zèle des royalistes....

« De grâce, écrivez-moi promptement. Où êtes-vous dans ce moment ?..... Je languis beaucoup.

« BLONDEL. » (P. 333 et 334.)

« Du *même* au *même.*

« *Paris*, 24 *juillet* 1800 (5 *thermidor an* 8.)

« J'ai reçu aujourd'hui, mon cher général (après l'heure du courrier), votre N° 6, en date de *Ratisbonne, le* 25 *juin.* Quant à votre N° 5, il ne m'est pas parvenu. Quand donc arrivera-t-il, enfin, que je me trouverai effectivement chargé, ainsi que vous me l'aviez annoncé si positivement, de quelque chose de réellement utile pour le service du ROI ? Il est vrai que les bulletins ou lettres que je continue toujours d'envoyer régulièrement à chaque courrier, présentent des points d'utilité, si l'on veut bien s'en pénétrer et les mettre à profit. Mais mon zèle est trop ardent pour que je puisse me contenter de cette tâche : il a besoin d'un service plus actif, plus marqué. Il est vrai encore qu'on me disait dernièrement (et j'en rougis de honte pour la ville de Paris, et même pour la France) que j'étais presque le seul individu dans cette ville, qui fût resté royaliste.

« Mais rien de tout cela n'active, n'utilise mon zèle, mon amour pour le ROI...... Je ne connaîtrai jamais aucun risque, aucun danger pour moi, lorsqu'il s'agira de servir mon ROI, de quelque manière que ce puisse être. Je gémis bien douloureusement et je sèche de me voir réduit à quelques bulletins ou lettres, sans que j'aie même pu avoir encore cette consolation, de savoir s'ils sont agréables.... Engagez, de grâce, M. *Mayor* à me faire l'honneur de m'écrire, et surtout à m'utiliser d'une manière plus active, plus marquée. On m'a assuré que son caractère était la franchise et la loyauté : ma franchise, ma loyauté, ma fermeté, mon énergie même, et surtout ma véracité, ont dû lui convenir et lui plaire.

« Je me suis déjà occupé, mon cher général, des quatre billets que vous avez joints au mien. J'ai envoyé à *Thouars* et à *Orléans* celui du juge de paix et de *Sophie.* J'ai porté à M. *F.* celui qui lui était adressé. J'y ai trouvé *Théobald*; nous avons dîné ce jour-là ensemble, bu à la santé de

Louis XVIII, notre auguste Maître et Souvérain, et à la vôtre, mon cher général : nous avons été enchantés de la justice qu'il paraît, par ce que vous me marquez, que vous rend Sa Majesté ; je vous en félicite, en mon particulier, du meilleur de mon cœur.

« Vous recevrez, jointe à cette lettre, la réponse de M. *F.* De grâce, ne soyez plus dorénavant si laconique avec moi : nous avons trouvé, M. *F.* et moi, que vos lettres étaient comme de petites pièces à tiroirs.

« Faites-moi donc le plaisir, en m'écrivant, de mieux servir mon amitié ; ce sera en même temps mieux aussi seconder mon zèle pour le Roi.

« Je vous aime de tout mon cœur ; et Vive le Roi ! »

((P. 334–336.)

« Lettre de *Gibert*, dit *Henri*, à *Trottouin*.

« 26 *juillet* 1800 (7 *thermidor an* 8.)

« . . . .
. . . .

« J'ai eu le plaisir, comme il te le mandera sûrement, de voir M. *d'Antibes* ; je suis fâché de l'avoir possédé si peu de temps : c'est un bon et loyal Français.

« . . . . Henri. » (P. 336 et 337.)

« Lettre de *d'Antibes* à *Trottouin.*

« *Paris, lundi* 11 *août* 1800 (23 *thermidor an* 8.)

« Lavez bien soigneusement, je vous prie, mon cher général, l'écrit que je vous envoie ci-joint : il est, comme cette lettre, à l'encre bleue ; trempez-le dans l'eau fraîche, gardez-le ensuite pour vous, si vous voulez, comme original ; mais, dans ce cas, je vous demande en grâce d'avoir la bonté d'en faire faire deux copies, que vous voudrez bien certifier conformes, d'en faire passer aussitôt une à M. *Mayor,* et de tâcher de faire parvenir l'autre directement au Roi.

« Je suis convaincu, plus que jamais, que si l'on dédaigne ou qu'on néglige d'employer les moyens indiqués par cet écrit, on ne fera encore, pendant très-long-temps, que de très-mauvaise besogne.

« Je me propose de faire, si je le puis, imprimer ce que je dis dans l'écrit ci-joint, contre les imputations faites au Roi par la calomnie ; mais vous pensez bien que je changerai un peu la forme de cet écrit, destiné, tel qu'il est, seulement à l'agence, mais bien particulièrement à M. *Mayor*, et pour le Roi lui-même, envers qui on serait bien coupable si on lui dissimulait encore des vérités qu'il renferme ; mais pour le public, c'est autre chose. Premièrement, il faut bien se garder de décourager en rien les royalistes : ils ne le sont déjà que trop ; secondement, il est d'une nécessité également absolue de laisser ignorer que les plus purs, les plus zélés, les plus infatigables serviteurs du Roi, éprouvent des dégoûts, des mortifications, même de la part de ceux qui leur devraient au contraire, pour le service de Sa Majesté, toutes sortes d'encouragemens.

« . . . . Blondel. » (Pag. 337 et 338).

« *Mémoire annoncé et inclus dans la précédente lettre.*

« A Monsieur Saint-Félix-Turault, à Bareuth.

« *Premier des moyens de sauver la France et de relever le trône des* Bourbons, *pour y placer le Souverain légitime.*

« Rétablir l'empire du Roi dans le cœur de ses sujets ; les ramener, par cette voie douce, à leurs vertus, à leurs devoirs. »

« Ce moyen, bien qu'il ne soit que préparatoire, n'en est pas moins tellement important, tellement essentiel, que, sans lui, tous les autres ne peuvent qu'être infiniment lents, même presque toujours douteux ; c'est enfin le premier de tous.

« Quand on voulut perdre l'auguste Monarque que la France, l'Europe, l'humanité entière doivent pleurer long-temps, on commença par le calomnier.

A peine le jeune prince, son fils, Louis XVII, fut-il mort, que la calomnie s'attacha particulièrement à la personne de Louis XVIII. N'ayant sur lui aucune prise, comme Roi qui eût encore régné, elle distilla ses odieux poisons jusque sur son âme. »

« . . . .

« Elle attaqua, comme acte indigne d'un grand prince, d'un frère du Roi, de la seconde personne du royaume, le serment que Monsieur était venu, dans le temps, prêter à la commune.

« Elle lui imputa, comme penchant dangereux à la fausse philosophie moderne, le goût qu'il avait pour les lettres ; elle alla même jusqu'à prétendre qu'il était lié avec quelques-uns de ces soi-disant philosophes, dont les principes de liberté et d'égalité nous ont valu tous les fléaux qui n'ont cessé de nous frapper depuis la journée du 14 juillet 1789.

« . . . .

« Sans ces calamités, n'en doutons pas, nous verrions aujourd'hui Louis XVII sur son trône. (1) . . . .

. . . .

« . . . .

. . . .

« . . . .

. . . .

« En effet, c'est de ces calomnies, dont le poison circule toujours, qu'est résulté le partage d'opinions entre tous ceux des Français qui se disaient et se disent encore également royalistes ; et comme il n'est aucun principe qui n'ait été foulé aux pieds dans notre infâme révolution, le grand principe de l'hérédité directe de la couronne a été, et est encore facilement écarté par aucuns de ces royalistes, d'après les

---

(1) Ici le chevalier *d'Antibes* ne put contenir son indignation contre *Buonaparte*, relativement aux expressions dont il avait osé se servir contre le Roi et S. A. R. Monsieur, ainsi qu'à l'impudence et à l'horrible fausseté des assertions les plus outrageantes à leurs augustes personnes, dans la *proclamation aux habitans des départemens de l'Ouest, du 7 nivôse an 8*, dont on a attribué, dans le temps, la rédaction à M. *Roederer*. Il laissa couler de sa plume quelques vérités dures et amères pour le *premier consul*, qui, en sa qualité d'un des Corses les plus implacables, les lui fit payer par une captivité qui dura *plus de douze ans* (*dont trente mois dans les cabanons de Bicêtre*), et qui sans doute n'aurait eu d'autre terme que celui de la vie de l'un ou de l'autre, si l'heureux retour de S. A. R. Monsieur, cet auguste et digne précurseur de Louis-le-Désiré dans la capitale, n'avait aussitôt fait tomber les fers de tous les prisonniers d'état royalistes. (*Note de l'Ecrivain des* Extraits.)

préjugés que la calomnie a pu leur fournir contre la personne de LOUIS XVIII. Ce sont donc ces préjugés si funestes qu'il faut, de toute nécessité, commencer par détruire, et rien sans doute n'est plus facile.

On doit poser d'abord, pour principe incontestable, que MONSIEUR, comme seconde personne du royaume, tant que le ROI, son frère, a vécu, n'a pas été bien connu, même peut-être des personnes qui l'approchaient le plus ; dès là, il ne pouvait donc se former aucun préjugé défavorable à ce prince. . . . .

« MONSIEUR avait du goût pour les lettres, et les cultivait : sans doute il n'y a que le vandalisme, la barbarie, l'extravagance la plus complète, ou la stupidité, qui pussent trouver là contre MONSIEUR le plus léger sujet de reproche.

« MONSIEUR, aimant les lettres, les cultivant, a pu avoir quelques relations avec des hommes lettrés, parce que, dans une nation policée, il est du devoir d'un grand prince d'encourager, autant qu'il est en lui, les beaux-arts, et que le moyen le plus infaillible de les encourager, c'est d'accueillir honorablement ceux qui les cultivent.

« Appeler cela penchant dangereux à la fausse philosophie moderne, c'est, eu égard aux circonstances, à la faveur desquelles on chercherait à insinuer l'application la plus perfide, une méchanceté d'autant plus atroce que, dans le fond, elle est purement gratuite.

« Et en effet, bien loin que MONSIEUR ait été sectateur de cette tourbe philosophiste qui a causé tous nos maux, parce qu'elle nous a infectés de tous ses poisons,

(Ici, je relaterai un acte public que MONSIEUR fit, dans le temps, contre les *philosophistes* et le danger de leurs dogmes.)

« De tous ces traits de la calomnie lancés contre la personne de LOUIS-STANISLAS-XAVIER, et lorsqu'il était MONSIEUR, et depuis qu'il est ROI, celui qui ait pénétré le plus avant, le plus funeste, aujourd'hui même encore, il faut le dire, à SA MAJESTÉ, c'est la conséquence tirée de la déclaration que cet auguste personnage fit, dans le temps, à l'Hôtel-de-Ville de Paris, relativement à l'infortuné Favras.

« Non, Français, non, jamais il n'est venu et n'a pu venir

à la pensée du prince devenu votre Roi, d'abandonner, de méconnaître, de *sacrifier*, ainsi qu'aucuns de vous, même parmi les royalistes, s'expriment encore, un Français, un individu quelconque qui se fût dévoué ou se dévouât entièrement au service de son Roi, au salut de la France. Pour en convenir tous, faites seulement ce raisonnement bien simple :

« Ou Monsieur avait alors effectivement connaissance du projet attribué à *Favras*, ou il ne l'avait point.

« Dans la seconde hypothèse, Monsieur a donc dit bien exactement la vérité par sa déclaration ; et vous, révolutionnaires du passé, du présent et de l'avenir, vous n'avez dès là plus rien à objecter.

« Mais vous, royalistes, vous, que je ne puis connaître à cette facilité extrême de vous laisser persuader contre votre Prince, de cette hypothèse quelle induction pourriez-vous donc admettre contre lui ?

« Monsieur eût-il, dans ce cas, supposé le contraire de ce qui est énoncé dans sa déclaration, de quoi eussent servi à *Favras* ces contre-vérités ? Tout ce que le prince eût pu dire là en faveur de ce fidèle et brave sujet du Roi, n'eût contribué que d'autant plus à sa perte, et le Prince n'avait rien à ajouter ni à changer à ce qu'il a dit : c'était même le seul moyen de ne pas charger *Favras* devant les animaux féroces qui voulaient qu'il fût jugé à mort.

« Mais, au contraire, dans la première supposition que Monsieur eût effectivement connaissance du projet, sans doute pour sauver *Favras*, il n'en devait pas convenir, (et les révolutionnaires eux-mêmes ne sauraient lui en faire un reproche) ; il devait de même dire ce qu'il a dit, rien de plus, rien de moins, rien autre chose : c'était encore le seul moyen infaillible d'arracher *Favras* à la mort, si le Châtelet, qui avait déjà sauvé M. *de Bezenval*, malgré les cris féroces de cette populace effrénée qui voulait qu'il pérît, ne se fût, cette fois, laissé intimider au point de lui sacrifier *Favras*. Cette victime a eu du moins la consolation, le bonheur si honorable d'être immolée la *première* pour la cause de son Roi, pour celle de toute la France : ce brave Français est mort enfin pour sa véritable patrie.

« Cessez donc, Français, quels que vous soyez, vous surtout royalistes, d'imputer à votre Roi la mort de *Favras*, lorsqu'au contraire, vous devez reconnaître que ce Prince a fait tout ce qu'il a dû faire pour le sauver (1).

« Un royaliste pur (l'auteur de *Hommage à toutes les victimes pures de la révolution en France*, ou *Mon Testament*) (2) avait déjà combattu avec avantage cette odieuse imputation dans le *Journal Général de France*, de toute la rédaction duquel il se trouva chargé *depuis et compris le 21 mars, jusqu'au 19 avril 1797, aussi inclusivement.*

« Malheureusement ça été, je crois, la seule fois que cette question ait été abordée avec publicité.

« . . . .

. . . .

Quant au prétendu serment prêté par MONSIEUR à la commune, oublie-t-on le danger que courait alors le ROI à Versailles? Vous, si injustes, parce que vous êtes si pervers; vous, qui que vous soyez, qui osez reprocher un pareil acte à LOUIS-STANISLAS-XAVIER, qu'eussiez-vous dit si, ce Prince ne l'ayant pas fait, le ROI eût été assassiné dans ces circonstances? . . . .
. . . . Si MONSIEUR, eussiez-vous dit alors, eût voulu consentir à prêter ce serment, LOUIS XVI vivrait et régnerait encore. Vous ne l'en avez pas moins laissé assassiner au milieu de vous, ce Prince si vertueux, qui n'a que trop prouvé, pour son malheur comme pour le nôtre, qu'il nous chérissait tous avec une égale tendresse.

« Mais, croyez-le bien, LOUIS-STANISLAS-XAVIER. . .
. . . . . . ce Prince n'a suivi que l'impulsion de son âme

---

(1) L'annotateur au ministère de la police générale, vaincu sans doute par la force du dilemme qui vient d'être rapporté, s'est borné à jeter ici en note cette phrase mensongère : *Mais l'abandon absolu de la famille FAVRAS, qui depuis a vécu dans la misère et de secours étrangers !* Impudence perfide ! Le chevalier d'Antibes tient de la bouche même de M. de *Favras* fils, et madame sa mère s'est plu aussi de son côté à publier que le Roi (LOUIS XVIII) avait constamment fait, *jusque dans les momens mêmes de sa plus grande détresse de finances*, payer à la famille *Favras*, émigrée, une pension annuelle de *trois mille francs*, avec laquelle cette famille, *composée seulement de trois personnes, et qui était en Allemagne*, pouvait certainement y exister *sans secours étrangers*.

(*Note de l'Ecrivain des* Extraits.)

(2) Le chevalier *d'Antibes*. (*Note de l'Ecrivain des* Extraits.)

pour son auguste frère, son Roi, pour la France. L'intérêt
seul, si cher, si sacré, de la conservation de Louis XVI a
ouvert la bouche, délié la langue de Monsieur, pour pro-
férer ce serment. Gardez-vous donc encore une fois d'ajouter plus long-temps l'ingratitude à l'injustice, à l'inconsé-
quence, à l'irréflexion.

« Monsieur a franchi la frontière, et le Roi a été arrêté à
Varennes.

« Malgré toute la scélératesse des révolutionnaires forcenés,
malgré l'astuce bien perfide de quelques antagonistes de
Louis XVIII, comme Roi, les espèces de doutes semés à ce
sujet n'ont pourtant pu jeter et n'ont jeté effectivement aucune racine : seulement elles se répandent, de temps à autre,
en légères vapeurs ; mais il faut absolument qu'elles soient
toutes entièrement dissipées ; que rien n'obscurcisse en France,
en Europe, en aucune partie du monde, la pureté de l'âme de
Louis-Stanislas-Xavier ; que, partout, cette pureté
brille de tout son éclat. Il faut enlever, et pour toujours,
jusqu'au moindre prétexte aux ennemis, aux antagonistes,
aux détracteurs de Louis XVIII. Quoiqu'il soit tout simple en
soi, fort ordinaire, que tel individu se trouve arrêté par des
brigands, sur une route où tel autre individu a le bonheur de
passer librement ; quoiqu'on sache parfaitement qu'à une cer-
taine distance, le Roi et Monsieur avaient pris chacun une
route différente, parce que cela était effectivement plus pru-
dent que de voyager ensemble ; quoiqu'on n'ignore pas davantage que la personne du Roi était celle qu'il importait à ses
bourreaux d'arrêter, ou de faire arrêter ; que les moyens en
avaient été assurés d'avance, parce que Sa Majesté avait
été lâchement et indignement trahie, ainsi que la Reine elle-
même ; quoiqu'on connaisse la misérable farce qu'on joua à
Varennes, pour retenir ces augustes personnages, sous le
prétexte qu'il n'y avait point de chevaux ; quoique tout cela,
dis-je, soit on ne peut plus notoire, encore faut-il qu'une
relation bien authentique de la continuation du voyage de
Monsieur, depuis le moment où le Roi et lui ont changé
de route, jusqu'à ce que Monsieur se soit trouvé hors de la
frontière, soit publiée en France, en Europe, dans les quatre
parties du monde, puisqu'il n'est, pour ainsi dire, aucun
point d'une de ces quatre parties, que les révolutionnaires ne

trouvent, au besoin, le moyen d'infecter de tous leurs poisons. Quelques personnes en France connaissent tous les détails du passage de MONSIEUR ; que celles-là donc commencent par les rendre publics. C'est même un de leurs premiers devoirs, pour peu qu'elles aient de probité, quelles que puissent être d'ailleurs leurs opinions ; mais c'est surtout aux fidèles et zélés sujets et serviteurs du ROI, honorés en chef de la confiance et revêtus des pouvoirs de SA MAJESTÉ, à remplir cette tâche honorable. De cette tâche font également et nécessairement partie les trois autres réfutations que je viens d'essayer d'entreprendre ; savoir : l'abandon prétendu de *Favras*, la prestation du serment à la commune, le penchant supposé à la fausse philosophie moderne, d'où l'on inférait des liaisons avec les *philosophistes*, parce que toutes ces réfutations doivent être également authentiques.

« Tous ces préjugés une fois écartés, anéantis jusqu'au moindre vestige, il en résulte nécessairement pour les vertus du ROI la profonde estime qui leur est due par qui que ce puisse être ; car, pour les ROIS comme pour tous les autres hommes, plus encore peut-être pour les ROIS que pour aucun de leurs sujets, l'estime doit être comme la première base de tous les autres sentimens qu'ils puissent inspirer.

« Si les vertus seules rendent les hommes estimables, quels que soient leur naissance, leur rang, leurs titres, leur fortune, ce n'est de même que par leurs qualités qu'ils se font aimer. Que toute la France connaisse donc les excellentes qualités de LOUIS XVIII, celles de son âme, de son cœur et de son esprit. Vous, qui avez particulièrement toute sa confiance (je n'ai pas besoin de vous nommer ici), hâtez-vous donc de montrer au grand jour ce ROI si pur, comme encore de le montrer vertueux, aimable, tel qu'il est enfin, et bientôt, n'en doutez pas, il sera autant aimé et chéri qu'estimé. Vous ranimerez par là cet amour antique, si sacré, si brûlant, des Français pour leur ROI ; vous les reporterez tous et les rallierez à ce grand principe de l'hérédité directe de la couronne ; vous rendrez au père commun tous ses enfans. L'honneur revivra par toute la France ; elle brillera encore de toute la splendeur de sa gloire, parce qu'elle aura recouvré ses vertus. Vous procurerez la paix, le repos, le bonheur à ce royaume et à l'Europe, sur tous les points de laquelle l'éclat des lis répandra , étendra de nouveau son influence si douce et si bienfaisante.

« Mais surtout persuadez bien au Roi de France et de Navarre (rien ne vous sera plus facile en la personne de Louis xviii) que, pour les intérêts de sa couronne comme pour ceux de toute la France, de toute l'Europe, il est on ne peut plus essentiel que les Français sachent que Sa Majesté s'occupe d'eux comme de ses enfans. Dites-lui bien que ses plus fidèles sujets, au milieu des entraves de tous genres qu'ils éprouvent pour son service, auraient quelquefois besoin qu'il les encourageât par ses bénédictions royales et paternelles ; que de tels sujets, lorsqu'il s'agit de la cause si sacrée de leur Roi, non-seulement savent ne redouter pour eux aucun danger, quel qu'il puisse être, mais encore que le saint amour qui les embrase leur fait supporter une foule de dégoûts, dévorer jusqu'à des mortifications qu'ils reçoivent, même de ceux qui, bien loin d'être les premiers à les en accabler, devraient, au contraire, par attachement au Roi, s'appliquer tout particulièrement à payer leur honneur par l'honneur ; car c'est bien l'honneur, le véritable honneur français, que suivent ces sujets-là, dans l'impulsion de leur cœur et de leur âme. Aussi, quelque infructueux que puisse être rendu le dévouement entier de toutes leurs facultés à la cause doublement sacrée de l'autel et du trône, à celle de leur unique Maître et Souverain, de leur Roi légitime, ne s'en assurent-ils pas moins , ces sujets qui lui resteront fidèles jusqu'à leur dernier soupir, une gloire aussi impérissable que pure, dans le seul témoignage de leur conscience ; mais leurs regrets n'en sont pas moins amers, moins vifs, moins douloureux, de voir que, loin qu'ils soient mis en activité, comme ils pourraient, comme ils devraient l'être, il semble au contraire qu'une magie infernale captive et enchaîne, pour ainsi dire, jusqu'à leur zèle.

« Quel est l'individu quelconque qui, se disant sujet et serviteur du Roi, ôsât repousser ces vérités principales, du moins face à face avec moi, lorsque tout mon désir serait de les porter, ainsi que beaucoup d'autres encore, jusqu'aux pieds mêmes de Sa Majesté. »

Vive Louis xviii, Roi de France et de Navarre !

« Fait à *Saint-Mandé,* près *Paris,* le *samedi 9 août*

1800, cinquième du règne de Louis XVIII. Signé : le chevalier A........ P........ *d'Antibes*, un des quatre premiers Français qui, en 1791, se soient offerts en otages pour la personne de l'infortuné et sans doute trop vertueux Louis XVI. »
(p. 339-350.)

« Du *même* au *même*. »

« *Paris, mardi 26 août 1800* (8 fructidor an 8.) »

« Je viens de recevoir, mon cher général, votre n° 9, en
date de *Bayreuth*. Je vous croyais à *Livourne* avec *Willot*.
L'envoi que je vous fais par ce courrier serait déjà parti, du
moins les premiers feuillets, si le *Gros-Père*, à qui je m'étais
trouvé obligé de les remettre, ainsi qu'une lettre pour
M. *Mayor*, n'eût oublié le tout dans son secrétaire. Je viens
de faire l'emplette dont vous me chargez (de la musique), et
j'en expédierai l'envoi, par le prochain courrier, à la personne que vous m'indiquez. Je désirerais bien vivement que,
de quelque manière que ce fût, des ariettes pussent tourner
à l'avantage du service du Roi. Au surplus, ne doutez pas
du plaisir avec lequel je me suis acquitté de cette commis-
sion, puisqu'elle vous est agréable, et qu'elle doit l'être aussi
à une dame. Quant à l'utilité dont vous me marquez que pourrait m'être un jour monsieur son père, je ne vois pas, quelque
puissant qu'il puisse être, en quoi je pourrais mériter cet avantage, parce que je me serais chargé d'acheter des ariettes
destinées à madame sa fille. »

« . . . .

. . . . »

« Le *Gros-Père* m'a procuré un imprimeur pour mon
écrit......... *Chandelier* est à Paris ; on doit me faire trouver
avec lui...... » (p. 551 et 352.)

« Du *même* au *même*. »

« *Paris, mercredi 1er octobre 1800* (9 vendémiaire an 8.) »

« . . . .

. . . . J'ai envoyé, le 25 du mois dernier,
à M. *Mayor*, le travail que je vous avais marqué qu'il m'a-
vait demandé sur la *réunion* : il renferme les vérités les plus
fortes, mais en même temps les plus utiles. Je lui adresse, par
le courrier d'aujourd'hui, un petit projet très-facile à exé-

cuter....... (1), et je sais, plus que personne, qu'il ne manquera pas son effet. Je puis vous assurer que si l'on rejette ou si l'on néglige aucun des moyens que je ne cesse de proposer, on ne fera rien, rien absolument. . . . . . .
. . . . BLONDEL. (p. 553.)

« Du *même* au *même.*

« *Sans date.* (Elle est du commencement d'*octobre* 1800.)

« Je vous confirme, mon cher général, ma lettre du 1er de ce mois. Par celle que je vous envoie ci-jointe, je réponds à une note de M. *Mayor*, que contenait pour moi sa lettre au *Gros-Père*, du 28 septembre dernier, et qu'il m'a communiquée dès son arrivée, avant-hier.

« Je ne conçois pas comment on a pu trouver mes CONSIDÉRATIONS *intempestives*. Il est bien certain du moins que le ROI n'est point connu, et qu'il faut, de toute nécessité, qu'il le soit : il est vrai encore que les préjugés que je combats, et que je détruis, quoi qu'on en dise, sont toujours mis en avant contre SA MAJESTÉ. Enfin, soit dit entre nous, j'ai voulu employer un moyen, tout en allant moi-même au but, d'obliger en quelque sorte l'agence à faire ce qu'elle

---

(1) *C'est l'organisation d'un comité de libelles.* (Note de l'annotateur au ministère de la police générale.) On va voir, par la lettre du *3 novembre,* qu'il s'agissait de *l'idée d'un plan d'écrits périodiques.* Leur objet eût été d'éclairer suffisamment l'opinion publique, surtout en mettant constamment les vertus privées et publiques du Souverain légitime (LOUIS XVIII) et celles de son auguste famille, leurs droits sacrés et imprescriptibles, la nécessité indispensable, pour le bonheur de la France et la tranquillité de l'Europe, de l'hérédité directe de la couronne et du sceptre royal sur la tête et dans les mains d'un BOURBON, en opposition aux vices politiques et autres, quelquefois presque non moins dangereux, de tout usurpateur, de quelques titres qu'il se fût décoré ; aux malheurs horribles et incalculables qu'avaient déjà entraînés depuis plus de trois lustres, que multipliaient encore sans cesse, et que prolongeraient nécessairement jusqu'à la destruction totale de la France, tous gouvernemens illégitimes, sous quelques formes qu'ils s'établissent ou fussent établis, en la baignant continuellement dans le sang des Français ; enfin, à la satisfaction si douce, si pure, si complète, pour des sujets rendus à l'honneur et à leurs premières vertus, de trouver chaque jour dans leur ROI un véritable père, un père tendre, un monarque vertueux, juste, sensible, toujours bon, bienfaisant, éclairé et sage, et, de plus, aussi aimable par les qualités de son esprit que par celles de son cœur. Voilà quels eussent été ces *libelles.*
(*Note de l'Ecrivain des* Extraits.)

aurait déjà dû faire depuis long-temps ; et, si elle ne s'y décide pas, tant pis, mille fois tant pis. M. *Mayor* regarde l'*excès* de mon zèle (auquel il rend toujours justice), comme nuisible ; et moi, je pense que la froideur et l'inaction, dont les honnêtes gens se plaignent, perdent tout.

Si M. *Mayor*, *bien revenu de ses anciennes erreurs* (1), et messieurs les autres agens, prennent réellement à cœur les intérêts de Sa Majesté, comme je me plais à le croire, ils renonceront à toute pusillanimité. Au surplus, ne sont-ils pas bien tranquilles, hors de toute atteinte, tandis que je suis, moi (ici), un de ces *enfans perdus*, ne faisant pas un pas qui ne puisse me conduire à la mort? Mais, que m'importe?

« Blondel. » (P. 354 et 355.)

« Du *même* au *même*.

« A M. *Koffmann*, négociant, poste restante, à *Bay-reuth*.

« *Saint-Mandé, près Paris, lundi matin, 3 novembre 1800 (12 brumaire an 8.)*

« On m'a remis hier à midi, mon cher général, votre N° 11, sans aucune date. Assurément, vous ne pouviez pas me faire plus de bien que de me donner d'aussi excellentes nouvelles. Je viens de les transmettre au bon ami *H.* (*Henri* ou *Gibert*), en lui faisant la même recommandation motivée que vous m'adressez ; et c'est ainsi que j'en userai envers quelques autres. Pour la foule, dont il faut relever le courage et l'espoir, je saurai, n'en doutez pas, prendre le terme moyen le plus convenable.

« . . . .
. . . .

---

(1) Ici l'annotateur au ministère de la police générale a mis en note : « *Il s'agit des principes professés par* d'André *en 1789 et 1790 ; les* « d'Antibes *ont de la mémoire!* . . . . . »

Sans doute les *d'Antibes* ont de la mémoire : tout vrai et bon Français, tout pur royaliste, tout fidèle et dévoué sujet et *serviteur* du Roi, doit avoir de la mémoire, afin d'éclairer suffisamment, et de communiquer ces lumières, comme guides du présent et préservatif pour l'avenir, toutes les fois qu'il s'agit des intérêts sacrés de l'autel et du trône, de la personne et des droits également imprescriptibles et inaltérables du Souverain légitime. (*Observation de l'Écrivain des* Extraits.)

« . . . .
. . . .

« J'ai à vous apprendre que M. *Mayor* (*d'André*) vient d'agréer l'idée d'un plan d'écrits périodiques, que j'avais tracé, et que je lui ai envoyé. J'ai à lui écrire une lettre détaillée à ce sujet, et ce sera probablement pour la fin de cette semaine. D'après cela je n'aurai plus besoin, pour l'exécution, que de ses ordres positifs. Par mon plan, je garantis tous les écrivains choisis parmi les soldats des vieilles bandes, et je me charge, seul, de tous les risques et périls. Je lui ai envoyé la nomenclature de ces six écrivains : il m'a fait dire que ces noms lui convenaient, que je les visse pour savoir si la chose leur convenait aussi, et s'ils accepteraient ; et c'est de quoi je m'occupe. Par ce moyen, nous ferons distribuer dans Paris, de vingt à trente mille feuilles d'impression par mois, et nous préparerons ainsi les premières voies à la *réunion générale*. Les gens les plus sensés, et en même temps les plus purs, ont senti la justesse de mes idées sur cette *réunion* ; idées que, d'après la demande de M. *Mayor*, je lui ai adressées dans une lettre très-détaillée. Vous voyez, mon cher général, que je ne m'occupe pas que de moi ; mais je n'en vois pas moins avec douleur que l'on ne daigne pas s'en occuper un peu, puisque ce serait là s'occuper de la chose elle-même.

« J'ai écrit confidentiellement à M. *Mayor* d'une négociation très-importante qui intéresse personnellement le STATHOUDER (1). Cela pourrait me faire faire un voyage à *Londres*. Je vous instruirai très-exactement. »

(P. 355-357.)

----

(1) Un particulier se trouvait possesseur de toutes les pièces originales qui pouvaient donner les preuves complètes de la conspiration qui s'était formée dans les temps contre le STATHOUDER. Il avait l'intention de les faire passer en Angleterre, au gouvernement ; mais, comme malheureusement ce particulier n'était mû à cet égard par aucun motif noble, il désirait traiter de ces pièces ; et c'était là l'objet de la négociation dont il m'avait proposé de me charger auprès de M. *Pitt* directement, *si je faisais un voyage en Angleterre* ; et je l'aurais fait, sans doute exprès, à cause de la grande importance de la chose en elle-même : mais cela ne me fut pas possible. (*Note de l'Ecrivain des* Extraits.)

(59)

« De *d'Antibes* à *Trottouin.*

« *Saint - Mandé, près Paris, mercredi matin,
26 novembre* 1800 (5 *frimaire an* 8.)

« J'espère, mon cher général, que, depuis que vous
m'avez accusé réception de mon N° 30, les 27, 28 et 29
vous seront parvenus. Je vous ai envoyé le 30 par M. *Mayor,*
et le 31, etc. etc.

« . . . .
. . . . Quelque jugement que l'on ait
porté de ces *Considérations,* parce que, n'étant pas sur les
lieux, on ne peut savoir, comme moi, ce qui s'y passe, il
me semble que . . . . . etc.

« . . . . . . Ne m'oubliez pas.

« BL. » (P. 360.)

« Du *même* au *même.* »

« A M. *Koffmann,* négociant, poste restante, à *Bayreuth,* par *Francfort.*

« *Nogent-sur-Seine,* 22 *décembre* 1800 (1ᵉʳ *nivose
an* 8.)

« Je commence, mon cher général, par vous prier très-
instamment de vouloir bien avoir la bonté d'envoyer de
suite à M. *Mayor* la lettre ci-jointe, etc. etc.

« *Buonaparte* a fait donner une garde d'honneur de
deux grenadiers au baron de *Sprengporten,* envoyé russe.
Si l'excellente nouvelle que vous m'avez donnée par votre
dernière lettre venait à se confirmer, je penserais que le
véritable motif de la mission de M. *de Sprengporten* est de
bien examiner et le gouvernement et le véritable esprit
national.

« L'envoyé prussien (M. le marquis *de Luchesini*) va
chez Mᵐᵉ *de Chazot*; mais la pauvre bonne dame est inca-
pable de rien pénétrer du fond de la pensée d'un diplomate
aussi délié.

Le gouvernement vient de publier *la conspiration anglaise*; il la donne, mais à qui il veut : ce qui fait qu'il est
difficile de se la procurer. *Ramel* l'a eue sous les yeux; il

vous y a vu deux fois tout de votre long. On y prétend que vous avez demandé le commandement d'*Orléans*..... Cette collocation vient indubitablement de l'entrevue que vous avez eue dans le temps avec un agent de l'Angleterre ; mais comment ces messieurs tenaient-ils donc leur correspondance ? (1)

« Je me suis trouvé hier avec M. *de Châteauneuf*, un des officiers de M. *de Bourmont* ; je dois le revoir vendredi au soir. J'imagine que je serai dans le cas de rencontrer aussi M. *de Bourmont*. Vous pensez bien, mon cher général, que si l'occasion se présente convenablement, je ne négligerai pas de faire auprès de lui ce dont vous aviez prié M. *de Biré*, que depuis des siècles je ne vois plus.

« M. *Mayor* m'a fait dire aussi, dans le temps, qu'il ne pouvait pas se mêler de la négociation relative à la conspiration hollandaise. Veillez toujours, je vous prie, à mes intérêts auprès de lui : ce sera, vous le savez bien, vous occuper d'autant plus de ceux de l'auguste cause.

« BL. » (P. 360-362.)

« Lettre de *d'Antibes* à *Trottouin*.

« *Nogent-sur-Marne*, *vendredi* 2 *janvier* 1801
(12 *nivose an* 9.)

« Je vous ai transmis dernièrement, mon cher général, la dernière réponse de M. *Mayor*. . . . .
. . . . »

Analise faite par l'éditeur de cette lettre. { (Demande la croix de Saint-Louis et le grade de colonel, et déduit ses titres ainsi qu'il suit.)

---

(1) On pourrait demander aussi au chevalier *d'Antibes* comment il tenait la sienne (sa correspondance) , puisqu'elle est tombée entre les mains du ministère de la police générale de *Buonaparte*. Il la tenait comme elle devait être tenue ; mais il prit envie au gouvernement consulaire *buonapartien* de faire demander à la Prusse, par M. *de Beurnonville*, alors ambassadeur de *Buonaparte* près de cette puissance, l'arrestation, et l'envoi au gouvernement *buonapartien*, de huit émigrés français qui étaient à *Bayreuth*, et dont M. *Trottouin* faisait partie. La Prusse ne livra pas les hommes (qu'elle jugea elle-même, et acquitta, toutefois après un emprisonnement de deux ans), mais bien tous leurs papiers : de là l'arrestation du chevalier *d'Antibes*, et sa captivité pendant plus de douze années consécutives. (*Note de l'Ecrivain des* Extraits.)

« Dites que j'ai servi sous vous; que vous avez cru devoir me conférer le grade de major-divisionnaire (1); que j'ai couru constamment avec vous, et en me livrant entièrement à vos travaux pour le service du Roi (2), le danger d'être arrêté à *Paris*, et surtout en 1800, et conséquemment aussi fusillé; qu'il est à votre connaissance qu'en ma qualité de *chouan*, dans le mois d'août 1799, j'avais rassemblé, dans une partie du département de *Seine-et-Oise*, cinq cents hommes qui ne demandaient qu'à marcher sous mes ordres, pour se *réunir* à la cause commune; qu'à cette occasion, j'ai été, depuis, dénoncé dans les cantons de *l'Isle-Adam*, *Beaumont-sur-Oise* et environs, où j'ai même failli être arrêté; que je ne puis même encore m'y montrer. N'oubliez pas de représenter ma qualité d'*un des quatre premiers otages offerts pour le Roi* (LOUIS XVI); que j'envoyai, dès le premier jour, ma soumission, et celle de ma femme et de ma fille pour la REINE; que, le premier, j'ai plaidé par la voie de la publicité, et dès les premiers jours de la révolution, la cause personnelle de cette auguste Souveraine, par un écrit intitulé : *MARIE-ANTOINETTE, REINE DE FRANCE, A LA NATION*. Ne négligez pas de parler aussi de ma parodie de la romance de *Richard Cœur-de-Lion* :

> « O LOUIS ! ô mon ROI !
> « Notre amour t'environne, etc. etc. etc. »

que je publiai sous mon nom dans la GAZETTE DE PARIS, la veille de la fête du ROI, en 1791. Lisez dans cette Feuille les trois mois de cette funeste année (*juillet, août* et *septembre* aussi 1791), où sont des preuves bien chères à mon

---

(1) C'est revêtu de ce grade que le chevalier *d'Antibes* devait être employé dans une armée royale de soixante mille hommes, de l'organisation de laquelle M. *Trottouin* avait conçu, exécuté et envoyé en *Angleterre*, adressé à S. A. R. MONSIEUR, comte d'Artois, le plan auquel le chevalier *d'Antibes* avait travaillé lui-même : il entrait dans ce plan, comme *base essentielle et première*, que S. A. S. Monseigneur le duc de BOURBON fût le généralissime de cette armée.

(2) Le chevalier *d'Antibes* a travaillé aussi avec M. *Trottouin* à ses plans de campagnes : plusieurs des divisions territoriales, que M. *Trottouin* envoya dans ce temps aussi en *Angleterre*, sont même de l'écriture du chevalier *d'Antibes*; et quelques cartes s'y trouvent tracées aussi de sa main. (*Note de l'Ecrivain des* Extraits.)

cœur de mon entier dévouement à la cause royale, et où je *suis* sans cesse nommé. Faites valoir aussi que ce fut moi qui me chargeai de présenter dans le temps à l'Assemblée dite Nationale, séance tenante, la pétition des otages offerts pour le ROI ; que, depuis le commencement de la révolution jusqu'à la fin de 1793, j'ai été arrêté neuf fois. Rappelez aussi mon *Testament*. Dites encore, mon cher général, que je n'ai point de fortune, que je n'en ai point voulu gagner (1)....
...... que je saurai mourir effectivement, plutôt que de jamais renoncer à servir mon ROI, comme je le dois, comme je serais désespéré de ne pas le faire. Mais, mon cher général, il faut, si vous voulez me servir, que vous ayez la bonté d'adresser votre demande ainsi fondée, directement au ROI ; vous pouvez, vous devez même en avoir les facilités. (Et pourquoi ne feriez-vous pas parvenir cette lettre elle-même en original, jusqu'aux pieds de SA MAJESTÉ ?) Vous pouvez, d'ailleurs, la communiquer en entier à qui bon vous semblera ; mais, dans tous les cas, je vous supplierai d'en garder copie. Faites-moi, de grâce, l'amitié de m'instruire du succès. . . . . . .
. . . . » (P. 564-366.)

---

(1) Dès les premiers jours de la révolution, on offrit au chevalier *d'Antibes*, dans la section sur laquelle il demeurait alors, la place de *capitaine de la compagnie du centre*, aux appointemens de 2,400 liv.

Dans les commencemens du consulat de *Buonaparte*, un ancien procureur au parlement, qui faisait les affaires de la maison *Bourienne*, dit au chevalier *d'Antibes* que, s'il le voulait, on lui procurerait quelque bonne place ou emploi, par la raison même qu'il était *royaliste*, parce que *Buonaparte* (ajouta-t-il) faisait rechercher les royalistes pour se les attacher par des places. Cet homme d'affaires insista, et pressa plusieurs fois le chevalier *d'Antibes* de vaincre sa répugnance ; mais son amour pour son ROI et sa conscience la rendaient insurmontable, et il ne sut jamais transiger avec l'honneur, ni dans des circonstances pareilles (qui se présentèrent plusieurs fois), ni dans aucune autre : il était *pur* royaliste ; il l'est, et le sera toute sa vie. Sans doute il aurait pu faire comme tant d'autres. A l'arrivée du ROI dans ses états, on eût trouvé en place ce royaliste *tel quel* (que sait-on ?), peut-être conseiller d'Etat, peut-être même sénateur *à sénatorerie* ; et comme bien certainement il n'eût pas trahi le ROI, lorsque la perfidie la plus noire amena la catastrophe du *20 mars*, le chevalier *d'Antibes* aurait continué à avoir l'honneur et le bonheur de servir, au gré de son cœur, SA MAJESTÉ et son pays. Rien de tout cela : toujours sans place, sans emploi, il n'en dira pas moins jusqu'à son dernier soupir, du fond de ce même cœur *tout à son* ROI : *VIVE LE ROI ! quand même.*

(*Note de l'Ecrivain des* Extraits.)

« *Sans date.* (Cette lettre est écrite dix jours après le 3 *nivose.*)

« . . . .
. . . .

« Je n'ai point encore pu voir M. *de Bourmont*, mais j'ai vu un jeune homme appelé M. *de Châteauneuf*, son adjudant-général. Je ne puis trop encore vous en rien dire. J'y ai rencontré M. *de Poix* ; et il y avait aussi (c'était chez M. *de Châteauneuf*) plusieurs camarades, un entr'autres, simple officier, nommé *Persévérant*, dont j'ai été bien satisfait. Je ne l'ai pas été de même de voir pendu à la cheminée le portrait en médaillon des trois consuls, sur une boîte anglaise : sans doute c'est une espèce de sauve-garde ; mais je ne la trouve point agréable à voir, moins encore à rencontrer chez des hommes qui ont pris les armes pour l'autel et pour le trône, pour Louis XVIII enfin.

« Il y a dans le même appartement un M. *Randon*, camarade de M. *de Bourmont.*

« M. *de Châteauneuf* m'avait beaucoup recherché ; je n'ai pu ni dû me refuser à ses avances : j'ai tout lieu de le croire un fort brave officier. Je mets avec ces messieurs de la prudence, de la réserve . . . .
. . . . » (P. 366-368.)

« Du *même* au *même.*

« *Paris, mardi 3 février* 1801 (14 *pluviose an* 9.)

« J'ai appris ces jours derniers, mon cher général, que vous veniez d'écrire au *Gros-Père.*

« Je suis errant depuis samedi dernier : on m'a engagé à cet acte de prudence, parce qu'un homme, soupçonné d'être un agent de la police, était venu, deux jours de suite, demander à la portière de la maison où je demeure, sans me nommer, mais en me désignant bien, des renseignemens sur mon compte. Dans tous les cas, je n'ai aucune espèce de papiers ; j'ai brûlé jusqu'aux plus insignifians. Je couche tantôt d'un côté, tantôt de l'autre, enfin, où je puis ; quelquefois dans un lit, quelquefois sur des chaises.

« M. *de Bourmont*, qui est toujours au Temple, et au secret, a été interrogé trois fois ; il a trouvé le moyen de faire parvenir son interrogatoire à ceux de ses camarades qui ne sont point arrêtés. Parmi ce nombre est *Achille de Châteauneuf. Achille Lebrun (La Nougarède)* est arrêté.

« Le brave *Georges* tient toujours bon dans la Bretagne. Il en veut beaucoup à ceux qui sont demeurés ici. Il a fait dernièrement fusiller un coquin de gendarme qui, travesti en paysan, s'était fait fort de l'arrêter. . . . .
. . . . BR.. » (P. 368 et 369.)

« Du *même* au *même*.

« 14 *avril* 1801 (24 *germinal an* 9.)

« Il y a au moins vingt jours, mon cher général, que j'attends une lettre de votre ami *Henri*, pour vous la faire passer.

« L'affaire des chouans amnistiés n'est pas encore terminée..... Ils sont toujours au Temple. *Achille Châteauneuf* qui, jusqu'à présent a eu le bonheur de ne point être arrêté, présume que M. *de Bourmont* sera déporté ; cet *Achille* est un de ses officiers supérieurs. On a arrêté, il y a trois jours, et conduit aussi au Temple, *Bertin* l'aîné. L'abbé *Guillon*, auteur de *l'Invisible*, est incarcéré à *Sainte-Pélagie*. On assure que *Hyde* est ici dans ce moment. Il a paru, sous son nom, des *Observations* sur le Rapport de *Fouché*, qui sont très-bien faites.

« Quelques-uns mettent déjà en avant que l'Angleterre a fait empoisonner PAUL I\ :sup:, qu'on a trouvé mort dans son lit, un matin, à l'heure ordinaire de son réveil.

« Cela ne serait-il pas bien plutôt de quelques-uns de nos révolutionnaires, qui auraient craint, avec raison, que l'Empereur de Russie ne se rattachât de plus belle à notre cause ?

« Je vous ai marqué dernièrement que la légation russe et *Buonaparte* ne s'entendaient point à merveille ; je vous ai dit aussi que la proclamation de la paix, ou rien, c'était à peu près la même chose pour notre masse populaire. »

(P. 369 et 370.)

(45)

« Du *même* au *même.*

« *Saint-Mandé, dimanche après midi,* 17 *mai* 1801
[(27 floréal an 9.)

« J'ai vu hier, pour la première fois, ainsi que je vous l'a-
vais annoncé, M. *d'Avarai* père. Il paraît fort sur le *qui-
vive,* et cela ne m'étonne point ; sa position est ici on ne peut
plus délicate. Ni lui, ni madame sa femme, avec laquelle j'ai
eu particulièrement une entrevue de près de deux heures,
ne me semblent pas avoir conservé un grand espoir. Peut-être
ne sont-ils pas encore bien à leur aise avec moi : je m'y suis
pourtant montré bien à découvert, ainsi que je le devais.

« Vous me demandez de vous écrire sur l'esprit public, etc.
Je vais commencer par vous transmettre exactement ce que
Henri ma marqué d'*Orléans.* « Ce que l'on vous a mandé
« de l'esprit de ce pays est exact : apathie extrême, excepté
« pour le commerce ; et pourvu qu'il aille, on ne s'embar-
« rasse pas quel soit le chef suprême. Je vous assure qu'il y
« aurait peu de fonds à faire sur nos habitans. » Quant à
Paris, je n'ai rien à ajouter à ce que je vous ai marqué dans
mon précédent. La mort de PAUL Ier a fort chagriné et vivement inquiété le gouvernement et ses partisans. . . . . .

« Quant à la Vendée, il n'y a, à proprement parler, rien
du tout, si ce n'est pourtant qu'il se fait toujours, de temps
en temps, sur divers points quelques incursions ; mais les
hommes, infiniment épars, se trouvant en infiniment petit
nombre, ou succombent dans le combat, ou, ce qui pis est,
sont arrêtés, mis en jugement et fusillés. A parler franche-
ment, il n'y a plus du tout d'esprit public. Les deux lettres,
qui ont paru sous le nom de M. *d'Avarai* fils, n'avaient pas
laissé que de produire une impression qui serait devenue favorable, etc. etc. (P. 370 et 371.) »

Lettre de *Gibert,* dit *Henri,* à *Trottouin.*

« Du 20 *mai* 1801 (30 floréal an 9.)

« J'ai reçu, mon ami, ces jours-ci, une lettre du chevalier *Blondel* (*d'Antibes*), qui me fait le plaisir de me donner de tes nouvelles ; je lui en avais adressé une pour toi, par

laquelle je te félicitais de la justice que l'on a rendue à tes services. . . . .

« Le chevalier me mande encore que tu lui demandes la note de mes services ; la voici :

« J'ai été, etc. » (P. 371.)

« Lettre de *d'Antibes* à *Trottouin*.

« *20 mai 1801* (30 floréal an 9.)

« Je m'empresse, mon cher général, de vous faire passer le travail que, etc.

. . . . votre dévoué BL. (1)

« . . . .

. . . .

(Note de l'Editeur de la correspondance.) « On supprime ici les deux dernières lettres de *d'Antibes*, des 7 et *23 juin 1801* (18 prairial et 4 messidor an 9.) . . . . . On en a usé de même pour toute cette correspondance volumineuse, dont tout ce qui précède peut être regardé seulement comme l'extrait. (P. 372 et 373.)

Des deux ou trois lettres que M. *d'André* écrivit dans le temps au chevalier *d'Antibes*, il en était une qu'il voudrait pouvoir rapporter ici en entier ; mais comme il ne garda aucuns papiers qui eussent pu compromettre la sûreté individuelle de personne, il anéantit cette lettre aussitôt après l'avoir lue ; mais il se souvient parfaitement que, relativement à ce qu'il tâchait de remplir, autant qu'il pouvait dépendre de lui, ses *devoirs de sujet*, en servant la cause royale, cette même lettre s'exprimait textuellement ainsi qu'il suit : « *J'en ai rendu compte au Roi, et j'attends ses « ordres pour vous témoigner sa satisfaction particu- « lière.* » Au surplus, M. *d'André* ne se refuserait pas, je

---

(1) Le BL. dont il paraît être ici question, n'est point du tout le *Blondel* signataire des lettres précédentes, qui n'a point écrit celle-ci, et qui ignore totalement ce qu'elle signifie. Est-ce par erreur, ou par supposition toute gratuite (n'importe de quelle part), qu'elle se trouve lui être attribuée ? Il l'ignore aussi. (*Note de l'Ecrivain des* Extraits.)

pense, à certifier, au besoin, cette assertion. *(Note de l'E-crivain des Extraits.)*

––––––––––

A ces *Extraits*, produits pour la seconde fois, (parce qu'on n'avait pas pu les retrouver dans les bureaux de M. le duc *de Duras*) le *30 juin 1814*, ainsi qu'il l'a été annoncé, le chevalier *d'Antibes* croit pouvoir ajouter ce qui suit :

« Il a été un des collaborateurs de M. *de Lacroix*, généalogiste de l'ordre de Malte, à son journal intitulé, jusqu'au *10 août 1792*, *Journal de la Noblesse, de la Magistrature et du Sacerdoce*, et ensuite, *le Scrutateur*. Au *Journal de la Noblesse*, etc., on trouve les deux couplets suivans, adressés à la REINE, et signés *d'Antibes*, sur l'air : *Comment goûter quelque repos ?*

« Au sein de l'orage et des flots,
Sur nos cœurs reposez votre âme :
De notre amour la pure flamme
Seule peut surpasser nos maux.
Quand chacun de nous les partage,
Ne doit-il pas les adoucir,
Comme on sent doubler un plaisir
Qu'on goûte au sein d'un bon ménage ?

« Ah ! si votre douleur flétrit
Les roses de votre couronne ;
Notre amour, qui vous environne,
D'un nouveau myrte l'embellit.
Croyez-en cet aveu sincère :
Pour tous vos fidèles enfans,
Chaque forfait de vos tyrans
Vous rend plus auguste et plus chère (1). »

Il a fourni beaucoup d'articles au *Journal de la Cour et de la Ville*.

––––––––––

(1) Fille auguste et sacrée, à tous les titres, de cette REINE adorable, *ange tutélaire de la France, à qui nous ne pouvons jamais rendre assez de respects, ni payer assez de tributs d'amour ;* lorsque la divine Providence vous eût enfin, après tant, de si longues et de si cruelles années, ramenée parmi nous, rendue à nos vœux, eût-il été possible que l'auteur d'un hommage quelconque à *MARIE-ANTOINETTE, fille et mère d'une MARIE-THÉRÈSE*, n'eût pas porté son hommage aussi aux pieds de *SON ALTESSE ROYALE MADAME, DUCHESSE D'ANGOULÊME ?* Voici celui que ce

La Quotidienne était une des feuilles publiques que le chevalier *d'Antibes* affectionnât le plus : il en a alimenté le feuilleton un mois, et il a d'ailleurs, pendant beaucoup plus de temps, fourni des articles au corps même de ce journal.

Il a inséré quelques corollaires au *Défenseur des Vieilles Institutions*, par M. *Delbare*, un de nos écrivains les plus profonds, et dont les principes ont toujours été de toute pureté, et par conséquent d'une fermeté inébranlable. Le *Prospectus* d'une *Histoire universelle de la Révolution*, qui fait partie du dernier cahier, ou numéro qui ait paru de cet ouvrage périodique, est du chevalier *d'Antibes*.

Il a travaillé aussi quelquefois à *l'Accusateur public*.

Il a été un des collaborateurs du *Thé*, et dans le même temps il a rédigé en entier, pendant un mois, le *Journal Général de France*, que protégeait alors M. *Benezech*, ministre de l'intérieur immédiatement après M. de *Montjoie*, et avant l'ex-député *Mailhe*. On peut vérifier que, pendant ce mois, le *Journal Général de France* fut un des journaux qui reproduisissent et exprimassent avec le plus de vérité et d'énergie les principes les plus purs de tout *bon Français*, c'est-à-dire, de tout sujet fidèle et entièrement dévoué à

---

sujet fidèle osa présenter en personne à la *céleste fille de Louis XVI*, le *13 juin 1814* :

A SON ALTESSE ROYALE *MADAME*,

DUCHESSE D'ANGOULÊME,

NOTRE PRINCESSE *BIEN-AIMÉE*.

« QUEL sujet à vos pieds pourrait mettre un hommage
    Digne de vos hautes vertus,
Et des titres sacrés, dont l'unique assemblage
Réunit pour les cœurs tant d'autres attributs ?

« Au besoin de notre âme, eh ! comment satisfaire ?.....
    Ah ! dans le plus profond respect
    Il faut, à votre auguste aspect,
Princesse BIEN-AIMÉE, adorer et se taire. »

Signé D'ANTIBES, *né chevalier français*,
Prisonnier d'État pendant plus de douze années consécutives, depuis le 10 février 1802.

(*Note de l'Ecrivain des* Extraits.)

notre monarchie et au Souverain légitime, sur le trône duquel était alors assis le *Directoire*.

Le chevalier *d'Antibes* croit inutile d'ajouter ici des *extraits* de tous les articles qui sont de lui dans les divers journaux qu'il vient de citer : cela deviendrait trop volumineux ; il a dû se borner à ces citations.

A Paris, le 31 juillet 1816.

Le chevalier D'ANTIBES.

Mais, afin de revêtir d'un caractère particulier et bien distinct d'authenticité, l'opinion résumée qui doit résulter des faits qui viennent d'être exposés, et ces faits eux-mêmes, il va terminer cet écrit par la transcription littérale d'un certificat ministériel qui, indépendamment de ce qu'il remplit pleinement ce double objet, corroborerait encore, s'il était nécessaire, une apostille bien honorable de dix-huit de Messieurs de la Chambre des Députés, que rapporte textuellement ce certificat, dont la teneur suit :

Paris, le 7 mai 1816.

MINISTÈRE
de
la Maison
DU ROI.
—
Maison Civile.

Le directeur-général au département de la maison du ROI certifie qu'en marge d'un mémoire qui lui a été adressé par M. le chevalier *d'Antibes*, à la date du *18 mars dernier*, est une apostille conçue dans les termes suivans :

« Monsieur le chevalier *d'Antibes* n'a pas besoin que sa « fidélité ni son amour pour ses ROIS soient attestés ; il en a « donné des preuves assez éclatantes dans les temps les plus « difficiles : les Députés soussignés ne réunissent ici leurs re- « commandations que pour témoigner combien ils ont à cœur « de voir dignement récompenser (1) un zèle qui l'a exposé à

---

(1) Sans doute, par cette expression *récompenser*, MM. les députés ont entendu *être mis à même de servir le Roi* ; et ce sens ne pouvait et ne peut être ici que celui qu'ont dû y attacher des membres de cette Chambre, de sentimens aussi purs qu'ils le sont presque tous, et parmi lesquels les signataires de l'apostille sont du nombre de ceux qui ont témoigné le plus d'attachement à la personne sacrée du ROI. En effet, plus on a été fidèle et dévoué au Souverain légitime (à un BOURBON), et par conséquent aux véritables intérêts de la France ; plus on les a servis, ou plus on a fait tous ses efforts pour les servir, et plus intimement on se sent pénétré de cette vérité, que la seule récompense que l'on puisse, que l'on doive se

« toutes sortes de dangers, et qui lui a fait éprouver douze
« ans de captivité ; »

Et que cette apostille est signée : *Duplessis de Grenedan,
Vauquelin de la Rivièze, Regnouf, Dezazu, d'Armaille,
d'Andigné, Aupetit-Durand, Picquet, Piet,* le comte
du Parc, le comte *Odoard, de la Bourdonnaye, Dahirel,
Alexandre de Lur-Saluces,* le vicomte *de Bonald,
G. Hyde de Neuville, Michaud,* et le général marquis
de Puivert.

En foi de quoi le présent certificat a été délivré.

Signé comte DE PRADEL.

Par le ministre :

Le secrétaire-général au département,

Signé chevalier DE LA BOULAYE.

Pour copie conforme :

Le chevalier D'ANTIBES.

---

permettre de désirer, c'est l'honneur et le bonheur de les servir de nouveau, et jusqu'au dernier moment de son existence. Aussi tout bon Français peut-il et même doit-il, plus que jamais, faire entendre à SA MAJESTÉ
LOUIS XVIII ces expressions pures du sentiment, portées, *en 1791,*
aux pieds de LOUIS XVI, et qui se trouvent rapportées à l'un des *Extraits*
que l'on vient de lire, de la *Gazette de Paris,* sous la date des *mercredi 24* et *jeudi 25 août 1791 :*

> « O LOUIS ! ô mon ROI !
> « Notre amour t'environne :
> « Pour notre cœur, c'est une loi
> « D'être fidèle à ta personne.
> « . . . .
> « . . . . »
> « Qu'en votre cour
> « Tout soit amour,
> « Fidélité, constance !
> « Vous servir est sa récompense. »

(*Note de l'Écrivain des* Extraits.)

FIN.

PARIS, AD. ÉGRON, Imprimeur de S. A. R. M.gr, duc d'Angoulême.

* 9 7 8 2 0 1 2 4 8 0 9 1 9 *